U0367077

儒家修身九讲

方朝晖 著

清华大学出版社
北京

版权所有，侵权必究。举报：010-62782989，beiqinquan@tup.tsinghua.edu.cn。

图书在版编目（CIP）数据

儒家修身九讲：典藏版 / 方朝晖著. —北京：清华大学出版社，2020.7（2024.7重印）

ISBN 978-7-302-54741-9

Ⅰ.①儒⋯ Ⅱ.①方⋯ Ⅲ.①儒家－人生哲学－研究 Ⅳ.① B222.05

中国版本图书馆 CIP 数据核字（2020）第 000955 号

责任编辑：徐　颖
封面设计：吴丹娜
版式设计：谢晓翠
责任校对：王荣静
责任印制：杨　艳

出版发行：清华大学出版社
　　　　网　　　址：https://www.tup.com.cn，https://www.wqxuetang.com
　　　　地　　　址：北京清华大学学研大厦A座　邮　　编：100084
　　　　社 总 机：010-83470000　　　　邮　　购：010-62786544
　　　　投稿与读者服务：010-62776969，c-service@tup.tsinghua.edu.cn
　　　　质量反馈：010-62772015，zhiliang@tup.tsinghua.edu.cn
印 装 者：三河市龙大印装有限公司
经　　销：全国新华书店
开　　本：145mm×210mm　　印　张：9.875　　字　数：209千字
版　　次：2020年7月第1版　　印　次：2024年7月第4次印刷
定　　价：69.00 元

产品编号：086204-01

修身，我们一辈子做不完的功课。

目 录

导言：修身是我们一生做不完的功课

现代人，也许在工作忙碌之余，或遭遇不幸时，会暂时意识到自己的性格修养问题；但是通常情况下，他们总是给自己的人生安排了太多的事情，无暇顾及性格的改变问题。生活的负担、工作的压力太重了，哪有专门精力去修身养性！但是，古人认为，一个人无论从事什么职业，专攻什么领域，都不能不学修身这门功课，并且需要用一生时间来学习，永不废弃。所以《大学》提出"自天子以至于庶人，壹是皆以修身为本"。

世界上真的有这么一门功课，值得我们用一生来学习，永不放弃吗？

"磋"与"磨"

今天我们所使用的"修身"一词，较早见于《周易》《大学》《中庸》《庄子》《荀子》等先秦典籍。"修"，修理、加工之义；

"身"，指性格、人格素质等。"修身"一词，本义就是磨炼人格的意思。我们时常使用的"修养"一词，来自于"修身"和"养性"两个术语。"修"就是需要雕琢，"养"就是培养，"修"和"养"相互对应、相辅相成。本书有一章以"存养"为主题，专门讲儒家"养"的思想。从狭义上讲可以将"修"与"养"区别开来，从广义上讲两者同属于儒家"修身"范畴。

儒家经典《大学》引用"如切如磋，如琢如磨"这八个字，分别形容为学与做人。其大意是，人的性格好比是一块原始粗糙的玉石，要想使之成为精美的艺术品，需要反复不断地雕琢，精益求精。总之，不能一切听命于本能，需要人有意为之。虽不排除有些人，从来不做修养的功夫，人格也很高尚；但是，对于多数人来说，都需要类似于加工玉石的切、磋、琢、磨过程。

有些人将自己性格的不成熟，归咎于没有良好的环境以及名师的指点或丰富的阅历等。这固然有一定的道理，但是环境、教育和阅历并不代表一切。无论一个人的环境或阅历怎样，人格的成长和完善最终还必须依赖于每个人自己有意识的努力。正因为如此，儒家认为修身需要时时讲、日日讲、月月讲。尤其是宋代以来，一代又一代学者投身于其中、殚精竭虑、辛勤摸索，使修身成为独立性非常强的专门之学，有汗牛充栋的言论和博大精深的体系。遗憾的是，今天的教育体制从不教授古人这方面的宝贵思想，几乎将它们统统抛弃了。

古希腊哲学家亚里士多德（Aristotle，前384—前322）向我们揭示了"美德"（arete）与"知识"（episteme）的本质区别。设想假如你没有数理化知识，可以通过听课和读书获取它，这完全是一个理论学习过程。但对美德来说则不然，你没有的美德，光靠上课和学习理论是无济于事的。知识可以通过学习得来，而美德只能通过实践训练来获得；对于德性来说，"习惯的养成"比什么都重要。亚里士多德说，比如石头不能自己往天上飞，哪怕把它往天上扔一万次，它也不会因此而学会自己往天上飞。但是对于人来说，原先没有的美德，可以通过反复实践和训练来获得。德国伦理学家包尔生（Friedrich Paulsen，1846—1908）也指出，正如绘画、雕塑、音乐等艺术只能依靠艺术家而不是美学家来完成，再高明的美学体系也演绎不出生动具体的艺术作品来，德性和人格只能靠道德的天才们在实践中来完成，而不可能指望伦理学的理论。[1]这些观点与儒家"切磋琢磨"的修身思想是一致的。

由于受现代科学思维方式的影响太大，加上功利和浮躁，今天的人们，多半希望能在一夜之间找到迅速拯救自己的指导原理。最好是某位圣哲把最适合于我们的做人原理发明出来，只要在一切场合下照搬套用，就一劳永逸了。其实，人格的培养不像数理化解题，只要能针对场合应用原理或公式就行了。人格既没有固定不变的含义，也不存在确定不移的原理，甚至没有一个最终完成的时候。现代人在理解古代思想时，有时会因为缺少一蹴而就的方法，误以为古人的修身思想不切实际，而不知道是自己把古人的思想矮化甚至丑化了。因此，我们读古人的修身论著，一定要抛弃现代人的成见，把性格的培养当作一个永无止境的动态过程来对待，而不是追求客观、现成的方案或原理。

---

[1] 弗里德里希·包尔生. 伦理学体系 [M]. 何怀宏，廖申白，译. 北京：中国社会科学出版社，1988：7-22.

"养"与"得"

我国今天的教育体制，是完全按照西方模式建立起来的，其精神实质在于知识学习，而不是人格教育和德性培养。即使其中有一些道德教育课程，也往往成为不受人重视的"点缀"，事实证明这些课程多数不太成功。盲目地学习西方，废除了传统的国学，成为今日中国社会一系列精神道德问题的根源之一。

为什么这样说呢？我们知道，在西方，人格教育和德性培养，主要是通过家庭和教会来完成的。学校与教会的分离，道德教育与知识教育分而治之，乃是西方教育传统的主要特征之一。今天西方语言中的"学校"一词，来源于古希腊语，本义为"闲暇"，"希腊人是这样考虑的：一个人有了闲暇时间，他就利用它进行思考，寻求事物的来龙去脉。对于希腊人来说，闲暇与追求知识之间的联系是不可避免的"[1]。希腊人最热衷的学问"哲学"，本义也是"爱知识"。可见西方学校教育的传统是重知识，不重德性。但是如果我们认为西方人不重视或放弃了德性教育，就完全错了。相反，教会承担了人格培养和德性教育方面的主要任务。今天，我们到欧美国家的任何一个地方，哪怕是在人口只有几百人的小镇，也能看到三五座不同的教堂。很多西方人都是从小跟父母一起，在教会的熏陶下长大的。他们的人生观、世界观和道德观，是在父母和教会的教育下慢慢形成的。教堂所组织的、旨在培养人们如何做人的读经班和训练活动，可以说不计其数。但是对于

[1] 伊迪丝·汉密尔顿. 希腊方式：通向西方文明的源流 [M]. 徐齐平，译. 杭州：浙江人民出版社，1988：23.

中国人来说，既不可能全盘接受基督教传统，让宗教成为全社会最有效的道德教育手段，却又将中国古代的德性培养传统从现行教育体系中取消了，这不是学习西方教育体制的一个败笔吗？

我们大概也知道，中国古代学术的主体内容，本是以培养健全的人格为宗旨的；即使是治国平天下，也以自我完善为目的。孔子曾谆谆告诫弟子，做学问的根本目的是"为己"而不是"为人"（《论语·宪问》）。《论语》中孔子与弟子论"学"，通常都是指待人接物和性格修养。儒家经典《大学》一书，就是教人如何成为"大人"。所谓"大学"，指使人成为一个与天地并立的、"大写的人"的学问。易言之，"大学"就是使你成为一个真正的人，一个纯粹的人，一个有崇高的道德情操、理想的人格境界和辉煌的事业成就的人。这不正是我们多数人所梦寐以求的吗？这种学问今天已经过时了吗？

那么如何来学习《大学》呢？孟子认为关键在于一个"养"字（《孟子·滕文公》）。所谓"养"，既可指日积月累的培养，也可指让生命在修身中获得滋养。你修身不是为了别人或社会需要，而是为你干涸的心田施加营养，让它获得充分的滋润而健康成长。今天，我们面对知识分子的中年早逝、职业精英的心理健康问题、日益广泛的社会心理疾病，不能不认识到修身和养性的重要性，同时也更应该认识到，古人博大精深的修养学问并未过时。当我们每天拖着疲惫的躯壳去上班，带着深刻的焦虑下班，感情、婚姻、家庭、事业、人际关系方面的种种问题，让我们一次又一次哀叹为什么活得这么累时，也许该问一问：为什么我们的教育体制没有教会我们一门生活的艺术，让我们从小学习如何面对人生的各种问题，把握正确的生活方向，创造精神的幸福和快乐？古人在过去几千年漫长岁月里所摸索和积累的伟大智慧，我们凭什么轻而易举地抛弃？

宋代以来的理学家们认为，真正的道德进步不是去服从教条的规范，而是去挖掘合乎自己天性的东西。他们将"道德"的"德"解释为人性中固有的虚灵不昧的内在品质，认为学习和修养只是认识人性中固有的优良品质，成全我们的天性。只有这样，才能"有德"，而"有德"即"有得"。古人云："德者，得也。""得"，是心得，指心灵的收益和滋养。可见他们并没有把"德"理解为抽象的道德规范。古希腊文中也有一个"美德"（aretee）的单词，可指灵魂中高贵的部分。希腊哲学家强调美德是合乎人的天性的，可见其含义与古汉语中的"德"相近。但是希腊哲学家们主要从思辨的角度来理解美德是什么，关心美德是什么，而儒家关注美德如何实现。

"信"与"修"

现在，很多人都在讲中国人失去了信仰。那么，怎样来找回信仰呢？于是，有人开始去找。但是找了半天，就是找不到一个自己可以接受的信仰。其实这种对信仰的理解，有极大的误区。因为他们对"信仰"一词含义的理解，主要来自于西方，即把信仰当作一个外在的目标，认为信仰者的主要工作是选定好目标，然后将自己的整个生命交给它，为之生、为之死。不过，西方人是强调信仰与知识不能相互代替的，由于我们并不接受基督教信仰，又把科学当成了衡量一切的标准，于是我们在把信仰理解为外在目标后，又一再强调信仰需要建立在"科学"之上，需要以合乎科学的论证为前提。这样一来，当我们思考该不该"信"某种学说时，首先想到的就是用科学的手段来论证它。其实，这是对信仰的错误理解。把信仰当作现成摆在面前的一个理想目标，然后用逻辑或科学的方式来论证某种信仰值不值得接受，这种做法本身就注定了一个人可能永远进不了信仰的世界，他可能最终发现：没有任何一种信仰是自己可以接受的。这是因为，信仰本质上是一个践履和体验的问题，而不是逻辑和科学的问题。

中国古代的信仰思想与西方的信仰概念大不相同。儒家从不告诉我们该信仰什么。儒家认为，信仰的问题，主要是一个如何在日常生活中做人的问题。如果一个人通过修身和践履，体验到了人生的价值和意义，找到了安身立命之本，这样的人，就是有信仰的人。"有信仰"，在这里不是指信仰"某某东西"，而是指对自己人生的价值和意义，以及如何在具体处境和行为中实现它们，有坚定不移的信念。静坐也罢，待人接物也罢，都涉及人生信仰的培育。因此，在儒学看来，关键不是你"信不信"，而是你"修不修"——修身、修炼、修己、自修……通过修身，你不仅能找到为人处世的恰当方法，而且收获了更大的精神幸福，理解了什么是生命的价值和意义，只有这样人才能获得坚定的人生信仰。从这个角度说，信仰需要通过艰苦的修身过程来建立。信仰并无绝对的有或无，多数人都处在从无到有的中间地带。

从儒学的角度看，我们会发现，要解决当代中国的信仰问题，关键不在于去告诉人们该信仰什么，而应该将主要努力放在如何修身养性之上，让人们在这一过程中找到人生的意义和精神的家园。这样，信仰失落的问题自然会解决。

儒学复兴从修身做起

近年来陆续听到各种有关国学复兴的呼声，从海外到中国，从港台到内地。有的人写成了几十万甚至数百万字的洋洋大著，系统论证儒学为何能与当代社会相结合。近年来，国内更是出现了不少复兴儒学的宏伟方案，包括所谓的儒家国教化方案。这些书、这些方案，有很多都讲得鞭辟入里，但我总感到还有些不足，时常心中茫然。一种以修身和践履为主的文化传统，难道可以靠建构体系的知识化努力来复兴吗？在这个儒学凋零、人们对它的理解刚开始苏醒的年代，儒学的希望怎能寄托于不切实际的"上行路线"或空想式的儒教方案呢？有些旨在复兴儒学的理论努力，总让人感到好大喜功，不得要领，甚至误入歧途。我深信，在今天这样一个传统衰落，又急需传统的时代，与其创立一套把儒学与现代性相结合的理论体系，不如将其中的精华展示给人们看；与其花大量精力从事理论论证，还不如用个人的亲身实践向人们展示传统智慧在当代生活中无与伦比的力量。传统的生命力在于解答现代人生活中的大量问题，一个真正相信传统生命力的人应该告诉他人自己的亲身体会。如果说，儒学或国学在今天需要创造性的转化或理论重构，也应当且只有在这一过程中才能实现。

本书是笔者在多年教学和读书心得的基础上，对中国数千年来绵延不绝的儒家修身传统的一种个人化解读。本书所讲的九个范畴，多半取自于先秦儒学特别是宋明理学。多年阅读宋明诸子文章的经验使我感到，古人的语言、世界观与今人差别太大，很多表述对多数今人来说缺乏感召力。因此，我认为心性儒学如果不能用现代语言来重新表述，恐难真正在今天发扬光大。学术界多年来在心性儒学研究上多有进展，但是理论研究与学统的承续还不是一回事。毕竟儒家传统，特别是其中的修身传统，主要是一个建立在个人践履基础上的精神传统。只有知识化的理论研究，而无系统、完整、有章法的修身实践，是不可能把宋明理学传统传承乃至发扬光大的。遗憾的是，如今谈论儒家传统的现代转化，多半停留在知识化的理论探讨上。古人那种代代相传的，以践履、养心等为主的学统早已不复存在。这难道不是现今儒学复兴或弘扬国学中的一个致命问题吗？因此，本书一方面希望从一定程度上反映中国古代修身传统；另一方面也希望把古人的思想激活，转化为现代人修身实践的鲜活资源。我深信，儒家传统的现代转化这个课题，不单纯是一个理论问题，更是一个实践问题。本书主要从对于现代人来说具有可操作性的实践方式出发来探讨修身问题，期望能对儒家传统的现代开新贡献绵薄之力。

本书除了引用不少先秦儒家经典文字之外，还大量参考并引用了宋明理学、明清修身杂著等等。这些杂著包括《菜根谭》（〔明〕洪应明）、《呻吟语》（〔明〕吕坤）、《围炉夜话》（〔明〕王永彬）、《格言联璧》（〔清〕金缨编）、《明心宝鉴》（〔明〕范立本辑）等，其中有些书并非儒家著作，但因有助于说明本书观点，故而也辑录其中不少内容。书末附录"曾国藩论修身",并精选了一部分古人的格言,根据本书章节分类编排。读者可在闲暇时间将书末"修身集锦"反复阅读、朗诵乃至抄写,记于心头,或许是一件受益无穷的事情。本书第一讲"守静"部分,可以说是以我的清华学生的课程作业为基础编写出来的。近年来,我在清华课程中引入"静坐"以后,产生了强烈的反响和大量的回应(这促使我在接下来的课程中继续坚持"静坐"这项内容),不少学生在课程专用的网上讨论区和课程作业中纷纷谈论自己的静坐心得。其中有大量言论非常精彩,本书有些地方或直接或间接引用了学生的文字或段落。此外,本书还有其他个别地方受学生期末论文启发。但是碍于这本小书的体例,不便于将援用学生的地方一一注明。希望学生能原谅采用他们文章的这种方式。

在儒学和国学领域,我只是个初学者;在修身方面,我更需要不断修习。本书主要是一本与大家共享和共勉之作,希望得到读者和学界朋友的批评与指正。

第一讲　守　静

静而后能安。

——《大学》

你能保持一颗安静的心吗

今夜，月光如水。在家写了一天东西，出去散散心，来到不远处的一个大公园，看到很多健身器材，众人在那里悠闲地练习，我也走过去，练了起来。抬头望去，公园里有很多又粗又大的树。在夜风的吹拂下，成片成片的叶子在高高的空中无声翻卷。远远望去，明月、蔚蓝的夜空、风中摇曳的叶子，构成一幅静谧安详的图画。

我忽然意识到，很长时间以来，整日忙东忙西，忘了户外还有如此美丽的风景。是否该调整自己的生活方式了？总得想办法让自己恢复平静，否则即使再美丽的夜色也无法欣赏。看来我该恢复静坐了。很长时间以来，静坐对我来说已成为习惯，几乎每天坚持。有时候一段时间没静坐，就发现自己心乱如麻，魂不守舍。

吴力是一家报纸的从业者，刚刚步入 30 岁的他感觉自己步入了精英阶层，因为他是在全国最好的媒体里写着相当不错的新闻。"刚刚才两年多，恐惧和恐慌就袭击了我。"吴力说。

"感到恐慌时，我会把房间里所有的灯都打开，大
灯、小灯、厕所的灯，包括鱼缸的灯。"

"我对阴天变得特别敏感，会无端地发脾气，无名火
会腾地一下蹿上来，喜欢打电话，爱发电子邮件，想找
人倾诉。"

"酷爱打电子游戏，那种和敌人对射的，一次要打
100 多元的，如果今天打到了最后一关，觉得一切都畅
快了，如果打不到，会很烦。"

"烦的时候就拼命吃冰棍，或者开快车，拐大弯，或
者倒车的时候一把倒进去，发泄，要不然就是想抓住
谁暴打一顿。最后受到伤害最重的是身边最亲的亲人、
妻子。"[1]

这则故事向我们展示了一个忙碌不休、心神不宁、精疲力竭
的现代人的形象。尽管多数人并没有发生像吴先生这样特殊的状
况，但可以肯定的是，他的状况所代表的某些精神或心理问题，
在当代中国社会中是相当有代表性的。近年来，浮躁、急功近
利、人欲横流、精神空虚等术语常被引用来描述当代中国人的精
神面貌。

亲爱的朋友，你可能没有吴先生那样的状况，但是工作忙碌
之余，你是否有时忽然觉得浑浑噩噩，失去了自我？是否有时觉
得多年被生活的车轮拖着走，淹没在纷繁的琐务中不能自拔？你
是否有时感到，长期盲目地追随世俗的潮流，内心深处时常不踏

---

[1] 南香红，师欣. 精英症 [N]. 南方周末，2005-05-05.

实、不平静？夜深人静，一觉醒来，是否有时会发现自己活得太盲目、太被动？是否有时甚至质疑，难道我们的一生注定了只能这样混下去了吗？难道这就是自己真正想要的生活、多年来梦寐以求的理想吗？难道当初为自己的一生许下的豪迈誓言，只是一场空吗？……

性天之妙，唯静观者知之

> 造化之精，
>
> 性天之妙，
>
> 唯静观者知之，
>
> 唯静养者契之。

这段话出自明代学者吕坤的《呻吟语》。"性天"，字面意思指人性和天道[1]。"造化之精，性天之妙"，泛指人生、社会及宇宙中最神秘、最高深同时也最重要的道理。这段话的大意是，宇宙人生最深刻的道理，只有安静下来后才能体会。那些心神不宁的人，一辈子昏昏沉沉、浑浑噩噩，到死都不会明白；正如水只有安静下来才能映照星月一样，人心不能宁静，岂能把握生命的真谛，洞察人生的奥妙，掌握命运的玄机？

翻开中国历史，可以发现，千百年来，古代学者们一直把静坐或静养当作做学问必不可少的功夫之一。在他们看来，读书的

---

[1] 取自《论语·公冶长》"夫子之言性与天道，不可得而闻也"一句。

主要目的是做人，而要做人就不能停留在书本上，为此需要做两件事，一是静坐或静养；二是在生活中践履（用我们现代人的话来说就是实践）书本上所学的东西。其中静坐或静养在他们看来尤其重要。这种思想甚至可以追溯到更早的时候。《礼记》记载，中国人很早就有在祭祀等重要活动之前沐浴、斋戒的传统。《礼记》中所说的"散斋""致斋"，就是一种静养、调心。孔子的学生曾子在《大学》中提到"定、静、安、虑、得"的思想，三国时的诸葛亮则有"非宁静无以致远"的箴言。到了唐宋，新儒家学者把佛教中的静坐之法借鉴、吸收并加以改造，并在自己的生活中加以实践，形成了一个日趋成熟的静坐传统。相传有古代儒生每日静坐时，将双脚搭在一块石头上，久而久之，石头上竟陷进去了两个凹槽，与他的脚印一模一样。不仅儒家，道家同样注重静养。老子的《道德经》就有"致虚极、守静笃""归根曰静"之说，认为人要延年益寿，就必须戒欲、处静、养神。庄子也极为推崇"虚静"，声称"夫虚静、恬淡、寂寞、无为者，天地之平而道德之至"（《庄子·天道》），他还认为圣人之心正是通过虚静，才达到了像明镜一样洞察秋毫的境地，照彻宇宙。

我们今天阅读宋明理学家的作品，发现当时的学者们已经非常普遍地把静坐当作最重要的修养功夫。他们经常在一起讨论静坐的方法，提出了诸如"静中养出端倪"、于静时"观未发之中"气象等种种说法，还形成了"主静""养静""宁静""虚静""静定""静修""清静""处静""守静"等一系列术语。有时师生们在一起，"终日相对静坐"，不发一语。北宋儒学的开山人物周敦颐在其著名的《太极图说》中就提出了"圣人主静"的思想。南宋儒学大师朱熹的老师李侗一生主静，动辄教人静坐；后来朱熹跟他学习静坐，并有"用半日静坐，半日读书"之说，在东亚思想史上影响深远。王阳明是明代最杰出的儒学大师，他在谈及为学方法时曾提到，对于初学者，往往要先使其静坐，静坐到一定时候，俟其心意稍定，再教他"省察克治"（《传习录》）。曾国藩是我们熟知的清代大儒，他把"静坐"当作修身的主要条款之一，并提倡"每日不拘何时，静坐半时"。他还说，静坐到极致处，就能体验"一阳来复"的境界。他甚至在遗嘱中向家人提出"内而专静纯一，外而整齐严肃"的修身要求。

静而后能安

一直以来，我们沉浸在生活的喧闹里，内心安宁不下来，所以也没有时间去思考。即使有空闲，也会做一些无聊的事情来打发时间，让自己显得很匆忙，甚至忘了什么才是自己想要的，不去面对现实。

有时候也很想去反思自己，改变自己，但是当真的去想这些事情的时候，又不想去面对，总是在逃避。即便是在一个人静下来的时候，一旦去面对那些本质性的问题，脑袋里就很乱很乱，有时则是一片空白。

很多很多的问题，积累已久，一直没空好好面对。有时隐隐意识到目前的生活方式有问题，心里不踏实，但不清楚问题的根源，也无法再下定决心去改变现状；

有时深刻地感觉到了自己的性格有问题，清楚地知道问题出在哪里，却又不能静下来严肃认真地去想它，痛下决心改正它。

在我给清华大学学生开设的"儒家经典导读"课上，每次上课一开始，我让大家集体静坐5分钟。虽只是短短的5分钟，也让参加者收益颇丰。

静而后能安，

安而后能虑，

虑而后能得。

这是儒家经典《大学》的豪迈宣言。"静、安、虑、得"，代表了修养的若干过程。

静坐使人安下心来，分析自己目前的状况，我们忙忙碌碌究竟是为了什么？我们是有目标地忙吗？是有意义地忙吗？还是在荒废自己的生命？我们很忙，也很"盲"。我们是否让自己在忙碌的生活中失去了方向，失去了主张？

静坐让我们平静下来，在自己的心里驻足一观。我们要认真地思考人生的坐标，我们不仅要看到别人，更重要的是看到自己。我们究竟要的是什么？我们要到哪里去？不要像无头苍蝇那样乱撞，也不要一味地跟着别人走。

静坐不仅仅是简单地闭上眼睛，一动不动地呆坐。

选择一点向内用力，针对自己的弱点思考、剖析，才是要旨。有时候，我们还需要思考：在来来往往的人群中，我们的心是否感到孤独、无助，是否觉得过得如此的盲目。我们可以这样问问自己吗？

静坐，有时是强迫自己静下心去正视一些平时被搁置、以种种理由不去想或佯装不在乎而回避的问题。忘却自己的性格问题，暂时自我麻醉一下总是可以的。但是，问题总有一天会以无法抵挡的方式再次涌现。与其一再回避求得暂时安稳，不如主动去接触它、解决它。生活的节奏如此之快，我们似乎找不到一块完整的时间去思考和处理自己的问题。静坐也许就是一种补救吧！抛开手中的事务，静心冥想，集中注意力，干净彻底地给自己一个交代吧。

我们常常感叹生活如此匆匆，无暇回味；抱怨不幸身居闹市，不得安宁。于是乎，不禁悲从中来。可是如果我们能认真地想想，是生活匆匆，还是我们受了生活的挟持而变得匆匆？是闹市喧嚣，还是我们受了闹市的影响而内心喧嚣？

其实，现实还是生活成了我们的主人，而不是我们是生活的主人。这就是我们不幸的根源。要摆脱这种不幸，做自己的主人，做生活的主人，就得学会安身立命的功夫——忙里偷闲，闹中取静。"泰山崩于前而色不变""不管风吹浪打，胜似闲庭信步"的境界，不就是这种生命哲学的生动体现吗？

让我们从静坐开始，从静心开始。

只有静，才能在喧嚣的尘世中，不断反省自己，做到内观其心，外观其表；只有静，才能不断地明确自己所追求的目标，不至于因为世俗的诱惑，偏离目标太远。

人性之静，人心之静，靠培养。我们处在并不是很清静的世界中，身边无时不充满着诱惑，这就需要我们自己不断地去克服，不断地去抵抗，不断地去追求"独坐幽篁里"的境界。在这种境界中，没有急功近利的追逐，没有钩心斗角的竞争，没有庸俗可笑的闲聊，只有自己对自己的反思与审问。

修身的目的，在于不断地完善自己。在这个复杂的社会中能坚守自己的一方净土，不断地追求自身的完善，追求人生境界的提升。如果不能将自己融入"静"中，怎能反躬自省，不断地完善自身呢？

静坐，守默，省事

有人说："我恐怕不适合于静坐，我总是静不下来。每次一静坐就思虑混乱，心神不宁。"这大概是多年养成的习惯吧，一下子难以克服。静坐时要把握好一根弦：有意识地让自己的心平静下来，看自己有没有这个毅力，这也是对自己的一种考验。培养人格毅力的方式很多，静坐是其中有效的方式之一。

追求内心的平静，并非一定要置身于山水之间，而是要不断修身养性达到内心的淡定。少有人会像亨利·戴维·梭罗一样独居于森林的小木屋里多年，然后把心境中所反映的世界写成《瓦尔登湖》，幻化作一缕回归本心、亲近自然的清新长风。也许世人皆会在高山流水间忘却烦恼，却不能在尘世间超脱，这正是修身的必要之所在。在浑浊的生活中静得下心，便可脱凡入圣。

一位同学说：

静坐时，我把心放飞到大自然中去，或仰望蓝天白云，或俯瞰大地山川，或眺望远山，或享受花草的芬芳，让自己陶醉在大地的博大与宽广之中，这样使自己放松心情，敞开心胸。此时此刻，那些生活中的烦心事，或者一些让我沉湎的东西，都会变得淡薄缥缈。以这时候的心情做事，就不会急功近利，因而会感觉非常顺畅。淡泊一些世事，也许比拼命克制更好。

不同的人有不同的静坐体会，静坐时自我调节的方式也不必相同。

宋代学者程颐说："静后见万物自然皆有春意。"（《近思录》）明代学者吴与弼则说："淡如秋水贫中味，和似春风静后功。"（《康斋集》卷十一）可见古人在静坐方面的体会是很深的。

静坐能历练人的气质：一种处乱不惊的气质，一种娴静沉着的气质，一种淡泊宁静的气质，一种自我剖析的气质，一种洞察是非的气质，一种睿智深沉的气质。这些气质都是一个想有一番作为的人必需的。而这些与外界都无关，只是自身心智的磨炼，所以对环境的要求不必太苛刻。夜静风清，固然有助于人静心，但是，一个想历练自己定力的人，身处喧嚣却独有一种安宁，耳充噪声却坚守一份清静，则是一种更高的境界。

今天我们时常看到一些人在讨论浮躁的问题，反思一下自己的生活，发现自己确已久染浮躁之病。但是，明知自己浮躁，就是无法改变。为什么会这样呢？因为安静不下来，因为不肯花专门功夫来面对它。让我们来看看古人是如何面对这一问题的。清人金缨编的《格言联璧》中有言：

> 静坐，然后知平日之气浮；
> 守默，然后知平日之言躁；
> 省事，然后知平日之心忙。

儒家倡导的静坐之法，常被人与佛教、道教、瑜伽等的静坐修炼混为一谈。有的人只要一提到静坐，就想到"气从丹田而出"，想到气功、太极中的练功之法，把静坐说得玄乎又玄，仿佛神秘得不得了。这是完全不对的。儒家所说的静坐，乃是非常简易的身心调节手段，主要是一种个人的内心活动，与太极、气功、瑜伽中的功法迥然不同。当然，这不是说儒家的静坐思想与佛家、道家无关，应该说儒家的静坐之法也是受到了后者的启发，宋明以来形成的儒家静坐传统受惠于佛、道良多，儒、释、道的静坐思想常息息相通。

令人遗憾的是，时下，古人相传数千年而不息的修身和做人传统，特别是其中的静坐、静养之法，已经在现代人功利思潮的影响下丢弃殆尽。他们把古人思想内容按照现代西方知识的范畴和体系重新编排，结果讲解古代思想的人根本不需要付诸亲身实践，就可以成为大学教授、知名学者等。这是一个巨大的时代遗憾，也是我们今天重谈静坐的主要原因。

养成一个良好习惯吧！不管如何繁忙，每天腾出一段时间静坐。哪怕只有 5 分钟，都会有所收获，只要你认真。

至静以宁其神

静坐，就是要先让自己的身体从烦躁中静谧下来。在空灵的寂静里，即使有一些思绪在脑海里漂浮、幻灭，也能获得一种心如止水的平静。平静，即使是简单的平静，也能让人感受到生活的美好、生命的美丽。

一切都起于默默，源于默默。也许我们的确应学会默默地思考、怀想。

静坐，是静心，也是净心。要让灵魂清除一切杂念，游离于世俗的羁绊，进入自由的境界。

境由心生。静坐之静，来自于自己的灵魂深处。因此，静坐之时，一切于己无益、于人无用的事情，通通被放到一边。唯此，才能获得心静、心净、心境。

静坐到一定程度，会发现那潺潺的水声，那动人的鸟鸣，那鲜花的清香，那温柔的风儿，一切都是那么美好和谐。将那些自然之美铭记于心并成为我们永远的感动吧！自然与本真，本来就密不可分。

有位学生在谈自己的静坐经历时说：

初静坐时，感觉思绪万千。但是每条思绪，当接近内心的时候，又似乎静止在那里，让我感觉不到它到底是什么。感觉像是自己在伸手向万丈深渊抓一个正在落下的小球，怎么也抓不到。大约过了 3 分钟，突然想起自己开学以来的行为，好懒散，好堕落，和上半学年的自己完全不同，突然很惭愧。之后又想到马上要期中考试，还没做复习云云，想起自己应该好好学习了，之后又是一片空白。大约过了几十秒，闹钟响了，睁开眼，又是新的世界。

这位同学对静坐的反省相当细致，不过显然，他思绪太乱，还没有找到感觉。古人云：

至道之要，

至静以凝其神，

精思以彻其感，

斋戒以应其真。

（〔宋〕玉蟾《海琼白真人语录》）

这段话的大意是：真正的安静，是指灵魂从根本上得到了安宁。有了这种安静，方可对生命的本质作深刻的思索，领悟其中的真谛，从而洞悉人情事理，对万物皆有心灵感应。一直以来，由于没有安静下来，浑浑噩噩，仿佛失去了自我。通过斋戒和静坐，终于体验到自我的真实存在。

按照古人的一种思想，"静"代表生命的本源，"动"好比是本源的延伸。因此，静坐实际上是让我们回归生命的本源状态。老子《道德经》上有"归根曰静"的说法。《周易·系辞》中从动静关系的角度论述了乾坤变化的本质特征，北宋学者周敦颐把这一思想作了更精辟的发挥。他在《太极图说》中把宇宙的起源说成是一个无极→太极→阴阳→……→万物的衍生过程，而这一过程正是通过太极的动静来实现的，即所谓"动极而静，静而生阴，静极复动。一动一静，互为其根"的过程。他从动静与宇宙衍化的关系出发，得出"圣人定之以中正仁义而主静"的结论。"主静"，可以说是以静为生命之本。

从生命本源的角度来理解静坐的意义，并不是说只要回归寂静就够了。而且，这也不符合《周易·系辞》以及《太极图说》所讲动静关系的辩证法。上面说，正是通过太极、阴阳、乾坤的动静关系，才衍生了宇宙万物。如果只有静，没有动，那就没有变化，没有生命的繁衍。我们现在的问题是成天忙碌不休，只有动、没有静，忘记了生命之本。

　　显然，静坐不是静心的唯一途径。我们可以泡一杯茶，冲一杯咖啡，听一曲悠扬的音乐，使自己的心安静下来，暂时把一切烦恼抑或是喜悦抛在脑后，静静地享受眼前的清茶、浓浓的咖啡、悠扬的曲子，这个时候你也许觉得全世界都静了下来，自己全身心都放松下来了，简直就是最大的享受了。你也许喜欢在运动和锻炼的时候使自己放松下来，跑步、健身的时候，可以戴上耳机，尽情享受自己喜欢的音乐，使自己的心从平时的繁忙中解脱出来，给心灵一个安静的空间，难道这不也是一种享受吗？甚至不排除累了、烦了的时候去打一场球，虽然大汗淋漓，但是心灵得到了最大的放松，球场上只有篮球、篮筐、队友、对手，一切俗事皆抛诸脑外，那也是一种"静"，于"动"中体验到的"静"。

静 坐 观 心

在工作压力、生活压力迫近的时候，在每天对于前途的迷茫中，在被他人鄙视不务正业的时候，习惯了突然有个晚上辗转反侧，无法入睡。这个时候，无法抑制自己的烦躁，然后在各种各样的思绪中迷失了自己，好久之后昏昏睡去。

在这之后，慢慢开始了自己的静坐。

静坐带给自己的，开始是对于自己所作所为的思考，明确自己的追求，后来就是内心的平静。

……

忙碌于社会工作和学习中间，往往有些时候各种各样的事情和学习一起压来，感觉无法应对，有种要崩溃的感觉，然后就特别烦躁。给自己一个独处的时间，什么都不去想，脑海里面就是完全的空白；调匀呼吸，努力使心情波澜不惊，然后再尽力而为。

以前失眠的时候，是无休止的烦躁，如今看来也是一种机会。万籁俱寂的时刻，再也没有任何东西去打扰你。有时外面会有风声、雨声。沉寂了自己的世界，默默地观心，然后突然被别人从沉思里拉回来，仿佛刚经历过天人合一的境界。

当迷失于纷纷扰扰的世界，或者各种压力之中，不妨给自己一个完全独处的境界——静坐观心。想想自己最初的坚持，明白自己内心所最渴望的，努力按照自己的想法去活。

有人告诉我：静坐时无法控制自己的意念，大脑里一片混乱，无法把思虑引向特定的方向。这时，可以尝试一下"静中观心"。这很简单：我不能控制自己胡思乱想，至少可以静观自己如何胡思乱想。通过静坐来观看自己的心，搞清究竟是哪些欲望或念头支配着自己的心灵。这样，可能获得一种新的自我认识，发现自己在什么样的诱惑面前禁不住考验。有了心灵的触动，在今后的生活中，当同样的欲念再次涌起时，你就可能不再盲目地沉浸于其中而不能自拔。你会发现自己正在变化之中，甚至逐渐学会了驾驭自己的内心活动。

观心之妙，在于观心到一定时刻，你也许能有意识地钻进自己的心里。这是一个相当艰难的过程，一个人的心扉不是那么容易打开的，对别人是如此，对自己也未尝不是。这时要将自己心中的种种意念，不管好坏，通通揪到面前来审视。这就好比挑自己的毛病，戳自己的后背，要心甘情愿、毫无保留。稍有保留，就看不到真我。这是向内用力的过程，要慢条斯理地做，要沉得住气。

经过一段时间的静处，或许你的内心已经相当平静，进入内心的阻力相对减小，但这时细心地搜索内心仍必不可少。正所谓人无完人，我们又怎能做到毫无瑕疵呢？即使今天做得很好，又岂能保证明天不再犯？有时候，或许进入自己内心的阻力很大，面对自己缺点的逐个浮现，有多少人能继续心平气和地挖掘内心？是停下来黯然自责，还是粗略点出缺点而不作仔细的审视？沉得住气，才能完完全全地进入内心，让自我的轮廓在自己面前清晰起来。

为了追求一种属于自己的心境，为了构筑一片属于自己的天空，我们确实需要与这个繁杂忙碌的世界保持距离。为了与世界保持距离，首先需要在自己的心灵上确立"距离"。"静坐观心"，就是练习如何来保持自己心灵的距离，既是我心跟世界的距离，也是我心跟我自身的距离。

观心是静坐的主要功夫之一。千百年来，无数的古代学者和思想家，包括道家和佛家的学者们，修习过这一功夫。我们不妨也做一点尝试，至少可以对修身有更深入的理解。

《格言联璧》云：

> 静能制动，
>
> 沉能制浮，
>
> 宽能制褊，
>
> 缓能制急。

可见，"静"能增强人的生命力。有人静坐时昏昏欲睡，长时间找不到感觉。须知，静坐是一种针对性特别强、意识高度专注、思想异常集中的心理活动。古人强调：静坐时切忌"身如槁木，心如死灰"（《庄子·齐物论》），静坐是有针对性地向内用力。木木地坐着，大脑一片混沌，就不能达到静坐的目的。

> 静坐不是休闲，而是灵魂的拷问。当一个人发现自己的缺点时，改正它很难，不改正又会给日后带来巨大的麻烦。此时，静坐者陷入了痛苦的挣扎中：是非双方不断地纠缠、斗争。但是，一旦在静坐中达到了思想的统一，顿时豁然开朗，许多过去解不开的心结涣然冰释。这时忽然发现自己多么渺小，多年来的生活恍如一梦。
>
> 在这个竞争无比激烈的环境中，能让自己走入一个世外桃源的清静世界，实属难得。在静坐中，我们能知道什么是善，什么是恶；明白了只有淡泊宁静，才能有

所成就；只有沿着自己的道路风雨兼程，才能有超常的成就。人生的一切就是这样：刻意去追求的东西往往得不到，顺其自然遇到或得到的东西，反而会给我们很多很多。

非宁静无以致远

在生活节奏加快、工作非常忙碌的日子里，有时候，忽然意识到自己的心很躁，情绪不宁。有些日子，心中牵挂的事多了，一个人走在路上感到筋疲力尽，精神耗竭。有时候心里烦，借上网浏览帖子逃避现实，结果上网后总是下不来。在网上耗费的时间越多，心境越是不好。这时候，一旦我意识到这是心境不好的表现，必须用静坐来克服，就会打开定时小闹钟，认真地坐在靠椅上开始静坐。

有时候，当我闭上双眼，感觉自己的心很乱，思绪在不断翻腾。几分钟过去了，似乎没有一点收获。于是开始调整。我告诉自己：不能让这件事再扰乱我的心境，把它忘了吧。但是紧接着另一件事又浮上心头，占据着我的心灵，干扰我的心境。于是我告诫自己：静坐时必须忘记一切烦恼，要让自己的心进入一种彻底脱离一切干扰的状态。不一会儿，闹钟响了。我感觉这次静坐效果不够好，于是按下闹钟，继续新一轮静坐。在这次静

坐中，我憋足了劲，用全部精力来收敛精神，从头到尾
把握一根弦：静心。经过一段时间努力，我感到心绪平
静多了。闹钟再次响起，我感觉还不过瘾，于是又静坐
了一轮。

多年来，我经常通过静坐的方式来平和自己的心境。必要时，
会连续进行好几轮静坐。有时为了静心，我想象自己一个人在无
边的旷地上，独自面对上苍，仿佛天地间只有我一人，我也彻底
融入宇宙。这时，我的肉体和灵魂，我的一切的一切，都与无边
的宇宙合而为一。我忽然发现，多日来困扰我的所有烦恼，顷刻
间烟消云散，忽觉平日的我是多么的渺小；同时，我感觉自己一
下子变得无比伟大，巍然挺立在宇宙间，人世间再可怕的力量，
也不足以对我构成任何伤害。我发现，越是能最大限度地把生活
烦恼遗忘，此心就越容易宁静。

静坐绝不能无所事事，而是一个痛苦的"向内用力"的过程。
静坐的成效大小，取决于在静坐前的心理准备；也取决于静坐时
从主观意念上对自己的克制；更取决于静坐时对自己的主观要求，
有时要时刻把握一个最基本的要求——静心。闭上你的双眼，看
看你的心是否安静、能否安静。静坐前的准备越充分，静坐时主
观向内用力越强烈，成效也越大。当然，静坐的成效远不限于静
心。古人主张"半日读书、半日静坐"，想必体会十分丰富。

记得有一次静坐刚开始，衣服口袋里的手机突然振
动了两下——我收到了信息。我在心里说："等静坐完再
看。"于是接下来的五分钟，我一直在与掏口袋的欲望斗

争，心里反复猜是谁发来的信息，找我什么事。静坐的末阶段，我没有感到心灵的安定，反而无比沮丧，因为我发现自己的意志力微薄到克制如此简单的欲望都很困难。同时惊恐地发现自己有很多类似毛病：不管手机有没有反应，每隔半小时就忍不住拿出来看一下，有时如果没收到信息还会重览一遍收件箱和发件箱；每次开电脑都会登录QQ和校内网，每次坐到书桌前就一定要听MP3；甚至站到自动取款机前都会恋恋不舍想把所有功能全试一遍。我对任何能让我暂时回避当下现状的东西都产生了依赖感。多么遗憾，那些本该拓展我视野的东西正在消耗我的时间，束缚我的生活和思想。

这样才有了我摆脱这些依赖性的小小计划。

也许对于我来说，静坐最大的作用就是促使我不断反思自己的过错，来达到内心的纯净，即所谓"向内用力"。在静坐过程中，我所发现的问题既有这样由实物带来的，也有非物质性的心灵的焦灼、迷茫等等。克服外物造成的问题可以有具体的措施和目标，克服心浮气躁的问题却难制定具象化的衡量标准。静坐不但让我看清自我，对于后一类问题，它也提供了一种行之有效的解决方法，让心灵在冥想中归于宁静。安抚心灵不是教我们无欲无求，只是教我们不要盲目地追求，不学舌，不跟风。就像江南水乡的青石板路，遇到脚步虚浮的行人就滑他一下，提醒他别忘了看看风景，回望一下来时的路，才可更加愉悦地前进。

毫无疑问，静坐时的"向心用力"是"慎独"的一种。

"夜深人静，独坐观心，始知妄穷而真独露"（《菜根谭》），这是古代修炼者在某个瞬间的静坐体会。一个人白天可能没时间面对自我，或者没有勇气面对自我；到了晚上，一个人独自静坐、独自面对自我时，可能会对自我有更清醒的认识。夜深人静，独自静坐到一定的时候，生命中丑陋的东西、心理世界中羞于被他人知道的东西，统统涌现出来。想到终于能认识和直面自己的缺点，而不再千方百计遮掩，不免获得一丝安慰。但是马上又发现，这些自己灵魂中丑陋的东西是多年积习养成，非一朝一夕可除，不能保证日后不再犯。这时不禁打了个寒噤。想到自己日后还有可能在别人面前遮掩自己，一错再错，想到自己这么无能，就是控制不了自己，不禁惭愧难当。最终能走到什么样的地步，完全取决于"慎独"的功夫。

从静中观物动

《菜根谭》（明人洪应明著）云：

> 从静中观物动，
> 向闲处看人忙，
> 才得超尘脱俗的趣味；
> 遇忙处会偷闲，

处闹中能取静，

便是安身立命的工夫。

什么叫"从静中观物动，向闲处看人忙"？它是针对什么而言的？按照我的理解，它可以指不随大流，在众人皆然的忙碌中使自己的一颗心超脱出来，站在更高的位置来俯视我们的人生，不轻易为物所动。例如，有好多人心高气傲，个性要强，内心深处把自己看成是世界上最独特、最有价值的人，因而从骨子里瞧不起别人。但是他们可能认识不到，这种思想本身就已证明他们并不比别人更加独特和有价值。一方面，很多人都有这种思想，这种心理在中国文化中常见，所谓"独特"无从谈起；另一方面，这种思想本身就很俗气，孤芳自赏，说穿了不过要证明自己伟大，无非是自私。如果我们能跳出给自己设置的思维框框，并能超出上述局限，再转过头来看看别人，也许你发现很多人仍在同样的心态中执迷不悟，这时你就能做到"从静中观物动"了。

在众人熙熙攘攘之中，你能保持一颗安静的心，清醒地观察他人的行为，分析他人的动机，不受其口头言论的左右；在众人忙忙碌碌之时，你能思考众人的盲目，理智地把握自己，而不是随大流。这就叫"从静中观物动，向闲处看人忙"。所谓"物动"，一方面是指周围他人的动，实际上另一方面也包含了你本来跟大家一起动，后来逐渐认识到，自己不应当再盲目随人而动，而必须静下来。所以要学会从静中"观"动，能够于闲处"看"忙。想一想：多少年来，无数个日日夜夜里，你忙忙碌碌，在追求什么？你为什么而欢呼、雀跃，为什么而喜、怒、哀、乐？你有没有认识到，你所有的喜怒哀乐、所有的情感波动，因何而起、因何而灭？究竟是由什么东西主宰了你的心灵？你真的值得为那些东西而动、受那些东西主宰吗？把这些问题想清楚，自然可以避免上述问题了。

"遇忙处会偷闲，处闹中能取静"。看看我们这个社会就知道，人人都忙得不可开交：学生们在忙着应付考试，争取最佳成绩；老师在忙着出成果，拿项目，得奖励，评职称；商人忙挣钱，当官的忙升迁；父母为子女忙，子女为前途忙。想一想我们有多少生活和工作的压力啊！我们还可能有一定的社会责任感和使命感，我们背负着来自于家长、老师、领导、同事、朋友等人的期待活在这个世上，他们的期待虽然曾经是我们前进的动力，但有时也可能成为我们沉重的心理包袱。在所有的忙忙碌碌之中，我们想过没有，我们真的是在为自己活着吗？还是仅仅为别人的期待而活着？我们有没有想过，如何忙中偷闲、闹中取静，积极创造生活的乐趣、人生的境界？

有时想一想，我们的周边热闹非凡，在这样一个忙碌而热闹的世界里，你能够静下心来吗？我们希望在时代的风口浪尖上搏一搏。但是我想，真正会搏的人，能够在最繁忙、最混乱的时候静下心来，有足够的涵养和功夫来了解和体察事态和人情。这样的人，也许才能更好地适应这个忙碌不休的世界，在遇到挫折、打击的时候心理承受能力也会比别人强。《菜根谭》中的这段话，并不是要我们去逃脱人世，过隐居山林的桃源生活。恰恰相反，它告诉我们要善于在闹中生活，在忙中找寻心灵的归宿。

静里寿延长

　　静坐的真谛在于思，思的目的又在于一个"悟"字。悟的境界是追求对人生、宇宙的价值、意义的深刻把握。这种终极追求的实现，就是解脱，而解脱也就是自由。禅宗追求的自由，是人心的自由，或者说是自由的心态。静坐，可以给我们更多的空间去思考生活，体会生活。我们每天来来回回匆忙地奔走，大街上到处晃动着行色匆匆的路人。日子，在奔忙中驶过……

　　相信每个人都有寂寞而无处言说的时光，或者每个人也都有卧床不起，两眼直望天花板的经历。静卧越久，人变得越慵懒，而思维则越动越勤快。平日里不曾想到过的人和事，像电影一样，一幕幕展现在眼前。平时无暇思索的问题，有如海浪，一波接一波，在思维中撞击；平时不曾有过的情感，像雷电一样，震撼着接近麻木的心灵。

　　我们需要给自己一份宁静的空间去思考。一个人静静地独坐、沉思。在寂静中聆听寂寞，聆听心灵最真实的回音。生活需要回味，需要咀嚼。生活中能让我们感动的东西已越来越少。静思中，往事如咖啡，点点滴滴地溶化。静思中，人世间的一切庸俗、浅薄、虚伪、喧闹都被过滤掉，留下的只有完美和永恒。静思中方能显现完美，静思中方能体味幸福，静思中方能沉淀情感，静思中方能洁净心灵。

　　我想，如果每个人都有一颗静心，那么所有忙碌的事情都可以静静地、悠闲地完成。我只希望自己不要活得太仓促，希望能拥有一颗静的心，静静找寻生活中的美丽，用心细细品尝，并能把喜悦的刹那、感动的瞬间，用五彩缤纷的颜色去勾勒，用跳动的音符——文字去描绘。闭上双眼，我可以以自己的方式去思考，去幻想，去体味那些感动的瞬间。

我相信，任何一个人，只要拥有一颗平静的心，必定会说出静语，说出自己的感动。静心，静语。暂时摆脱一切繁杂，专心于自己的所喜所好、所作所为，让智慧在孤独的星空中闪烁光芒，让思想进入一种脱俗而不羁的境界与风度——我一直觉得，若能找一静僻之地，静心，静悟，静静思考，时而看看美丽的苍穹，时而品品手中的香茗，时而挥洒手中的笔墨，时而让钢笔在纸上舞动，再配以安静的乐曲，静静的，静静的，想想白天，想想生活，想想每一个人，那就好了。

悟，能够给人留下更加广阔的心灵空间。悟是一种幸福，它给生活增添了一个美丽的港湾。佛陀说：人生有108种烦恼。于是，念珠有108颗，需要捻过108颗念珠，意味着一个完整的人生必定要经历108种烦恼；念佛要108遍，意味着人生在经历这108种烦恼的同时，也要学会认识、了悟它们；而那钟要敲108下，也许佛陀是要告诉我们，在经历了那108种烦恼，并认识和了悟了它们之后，还要学会释放它们，忘记它们，也只有这样才能真正做到和享用那个"静"字。突然想到了南宗六祖慧能的那首：菩提本无树……

以上是一位名叫孙宁的同学谈他的静中之思。

静坐可以不局限于任何时间、地点、场合，任何时候只要你真的想静坐，就可以立即尝试。情绪纷扰的时候就静坐一下。最好是每天坚持静坐一段时间。在地铁里，在候车室，在公交车站，在课间休息时，在卫生间里……在所有这些场合，我们也许都可以使自己静坐或半静坐，我们要使自己的心永远处于随时可以静下来的状态。不过要注意，静坐并无统一的方法，每一个人在人生不同阶段、不同时刻，遭遇到不同的生活问题时，需要解答的心灵问题是不一样的，每一个人一定要根据自己的实际情况来决定自己该怎样静坐，从什么角度进入静坐。

有些人静坐时感觉甚好，但一回到现实意境全消。应该说，静坐不是解决所有问题的唯一途径，有很多问题单靠静坐是不能解决的。同时，静坐的成效还取决于很多其他因素，包括我们平时读书以及对古人修身思想领会的程度，正视自己性格缺陷的程度，对自我审查解剖的程度，等等。如何使自己的静坐真正有成效，历史上有各种各样的探讨，历代学者们积累了大量的经验。今天我们看《二程遗书》《二程粹言》《朱子语类》《传习录》《明儒学案》这一类儒学论著，时常为当时人在静坐、修身、践履方面的努力而感动。难道千百年来古人在静坐修身方面积累的大量经验，不可以成为我们今天借鉴的宝贵财富吗？

亲爱的朋友，听了上面所讲的这么多，你是否愿意尝试一次10分钟的静坐？时间长短不是绝对的，关键是静坐时要专心一意，不可有丝毫懒散或懈怠。每次静坐前最好事先略加准备，让自己的每一次静坐都有一定的针对性。比如想一想在静坐时如何使自己的心平静下来，或者针对自己性格中的一个缺陷而思，或者想一想如何解决自己某一个方面的问题？

期望你能把静坐这个功夫带到自己的日常生活中去，持之以恒、坚持不懈地做下去。固然，对于修身来说，仅仅静坐是远远不够的，但没有静坐又绝对不行。不能肯定每一次静坐都能给你带来收获，但可以肯定，保持静坐的良好习惯，对自己的人生利莫大焉。

"淡中交耐久，静里寿延长。"（《围炉夜话》）在平淡中建立持久的感情，在宁静中体验生命的永恒。但愿我们通过静坐，从过去的梦中醒来。当黎明到来、太阳再次升起时，我们能以更清醒的头脑、更饱满的热情投入新的生活中。

第二讲　存　养

存其心，
养其性，
所以事天也。
——《孟子》

为什么我们不会养生

近年来，英年早逝已成为一种频发的社会现象。早逝者有大学教师、科技精英、企业总裁、影视明星、政府官员、新闻从业人员、作家、艺术家、公安干警等等，年龄大多都在 35~55 岁。其中不少才华卓著、成就斐然的行业精英，有的只有 30 多岁，就溘然离去。为什么现代人生活水平提高了，生活质量反而下降了呢？

世界卫生组织专家指出，因生活方式不良而导致的疾病，如高血压、心脏病、中风、癌症和呼吸道疾病等导致死亡的人数，在发达国家占总死亡人数的 70%~80%，在不发达国家占 40%~50%。一份调查指出，北京市中年人死亡的主要原因是恶性肿瘤、意外死亡、心脏病、脑血管病、消化系统疾病，占该年龄段总死亡人数的 80% 以上，这些疾病多与生活方式有关。专家对京沪穗等城市的调查显示，因生活方式问题而患病的年龄正在明显提前，相当多的年轻人，特别是工作较忙碌的年轻人，患有腰椎病、脊椎病、颈椎病、心血管病和糖尿病。[1]几乎所有的研究结果都指出，工作压力大、劳累过度、缺乏运动、饮食不合理等几乎是导致上述一系列疾病及英年早逝的主要因素。

现代人往往过分投入于工作，忘记了承受能力，忘记了生命本是目的而非实现任何事业或其他目的的手段。现代人之所以不懂得养生，固然可能与工作压力太大有关，但也与他们缺少传统文化修养有关。中国古代的养生之道，试图把对生命价值的理解贯彻到生活和工作的每一个细节中去，时时把握生命的节奏，事事确保身心的和谐，力求做到时时养生、处处养生。所以他们强调对成败要看得透一点，再忙也要有闲情逸致，再苦也要颐养天年。

以孟子、庄子等为代表的古代学者们认为，任何一个人，只要他不是天生完美无缺的，都需要学习"存养"。"存养"来源于《孟子》中"存其心，养其性"一语，"存"是保存，"养"是保养。今天我们读古人的书，发现古人把养生当作一门最高深的学问，他们讲究日常生活的每个细节，力求时时刻刻感受到生命的意义。他们认为生活是一门高深的艺术，并用自己的生活来探究和理解这门艺术。但是，现代人虽然物质条件发达了，生活水平大大提高了，而生命的问题反而越来越多了。

---

〔1〕彭红. 我国四成以上患者病因是生活方式不良 [N]. 新华每日电讯, 2005-06-05；王丽云. 生命需要好好经营 [N]. 当代健康报, 2004-08-12.

动息节宣，以养生也

《近思录》（朱熹、吕祖谦编）中有这样一段话，出自于宋代学者程颐[1]：

> 动息节宣，以养生也；
>
> 饮食衣服，以养形也；
>
> ……
>
> 慎言语以养其德，
>
> 节饮食以养其体。

"节宣"，即控制自己行为的节奏。"宣"即喧，喧闹也。这段话的大意是：控制好自己行为的节奏，可以调节身心；通过饮食、衣着和打扮，可以培养我们对身体的美感体验；待人接物有礼有节，可以培养我们做人的美德。言语关乎我们的德性，不可不慎；饮食关乎我们的身体，需加调养。总之，言谈举止、饮食起居之中都包含深刻的养生道理，都对生命有重要影响，岂能轻忽？

程颐的养生之道，对今人来说并不是完全没有意义的。如果现代人懂得一点养生之道，或许不至于长期透支自己的生命；如

---

[1] 程颐（1033—1107）是北宋时期著名的理学家，又称"伊川先生"，与他哥哥程颢常被后人合称为"二程"。他培育出许多杰出的弟子，我们所熟悉的南宋儒学大师朱熹就是二程的第四代传人。据说程颐27岁时科举廷试落第，从此不再参加科试，大臣屡荐而不仕，在洛阳收徒讲学。后"以布衣被召"，任秘书省校书郎、崇政殿说书。不久回洛阳管理西京国子监。后来程颐虽然为朝廷党争所困，仕途多艰，但这并没有影响到他的人生追求。程颐与司马光、苏东坡、王安石等人都是同时代人，他与关中名儒张载（1020—1077）、宋代名臣司马光（1019—1086）等人交情较深。程颐无疑是宋代最杰出的儒家学者之一，他对儒家心性之学作了深入探索，对宋明理学的发展作出了异常重要的贡献。

果现代的教育体制中多教一些古人的修养思想，让人们变换角度去理解生命的意义，或许英年早逝的人会少得多。

例一，企业家："在竞争日益激烈的商海中，企业家们要做大事业，就要放弃很多休息时间。当'上班族'下班享受家庭的温馨时，他们还在联系业务、应酬客户；当公务员开始实施强制年休时，他们正忙着商务谈判、扩大销售。一些企业家的口头禅就是：'这么大一摊子事，哪有时间休息啊！'因为忙，没有时间休息，没有时间锻炼。长期的透支，使一些企业家甚至是青年企业家的健康亮起了'红灯'。但更需要引起警惕的是，许多企业家虽然看到了'红灯'，但是仍然没有调整'减速'，也没有进行及时治疗。据有关报告分析，影响企业家健康的主要因素并不完全在那些疾病本身，很大程度上在于不能及时治疗、饮食结构不合理、不能劳逸结合等。"[1]

例二，新闻工作者："对新闻工作者来说，利用下班、节假日、休假加班加点工作，已是司空见惯。新闻从业人员似乎已习惯于'越是节假日越忙'这样的生活节奏，这已成为一个好记者、好编辑的客观标准。"调查表明，"64%的人放弃了每年应享受的公休假，当身体不适时，竟有44%的新闻工作者照常上班，而只有10.5%的人主动休息；16%的人上医院看病，33.5%的人自己买药服用。新闻工作者本身经常熬夜（35%）、吸烟（21%）、

〔1〕何况.王均瑶英年早逝　新掌门考验多多 [N].经理日报，2004-11-12.

饮食不周（19.5%），这些不良生活习惯，也是导致这一特殊群体身体素质普遍较低的重要原因"。[1]针对新闻从业人员进行的一项调查显示，68.5%的人每天睡眠时间不足 8 小时，60.5%的人没有享用国家规定的每年一次的公休假，59.5%的人从来没有参加过单位组织的疗养，而生病时有 44%的人照常上班。[2]

例三，民警：民警因劳累过度而猝然倒在工作岗位上的事件，近年来经常见诸报端。"在每年因公伤亡的民警中，因积劳成疾累死在工作岗位上的占据了相当大的比例，且近年来明显增多。据报道，2003 年全国共牺牲 476 名民警，其中 212 名是因积劳成疾牺牲在抓捕疑犯等案件侦破工作岗位上的，平均年龄只有三十几岁。不少民警长期超时、超负荷工作，身心得不到及时的休息与调整，经常处于疲惫烦躁的'亚健康'状态；一些民警身患重病仍坚守工作岗位，直至英年早逝——这无疑是一件令人深感惋惜与痛心的事情。"[3]

医生时常建议病人要摆正工作、生活和健康的关系，不要超负荷地工作，透支健康和生命。为了预防疾病，医生常规劝人们"应有豁达的性格、宽广的胸襟""不能对自己太苛刻，不要在未达到目标的阶段像个陀螺似地一刻也不懈怠""在对工作和家庭问题上分身乏术的情况下，不要把所有的责任全背在自己身上，要

[1] 赵彦华. 记者英年早逝令人忧：新闻从业人员健康状况调查 [N]. 中华新闻报, 2002-01-01.
[2] 王丽云. 生命需要好好经营 [N]. 当代健康报, 2004-08-12.
[3] 郭振清. 让"英年早逝"这类事少点再少点 [N]. 工人日报, 2004-07-12.

学会借社会力量为自己减压""中年人要在精神上多给老人一些关心，这样老人心情好了，中年人自己的心情自然也会好。在教育孩子的问题上，中年人不要把自己没有实现的理想强加到孩子身上……调适自己的心理预期，这也有助于心理健康。"[1]

医生对中年早逝的建议，难道不是对程颐"动息节宣以养生"观点的最好注解吗？

动息皆有所养

宋明以来儒家修身思想的一个重要方面，是强调将"养"渗透到日常生活的每一个细节中去，程颢（1032—1085）是这一思想的主要提倡者之一。程颢，程颐的哥哥，北宋杰出的理学家，著名的"北宋五子"之一。程颢提出，我们生活的各个领域，都涉及养生之道；饮食起居的方方面面，都应精心讲究。从所听之乐、所习之礼到所用之具，从饮食起居到盘盂几杖，"动息皆有所养"（《近思录》）。这一思想在中国古代文化中影响极为深远。我们知道，古人将下棋、舞剑、练拳、喝茶、饮酒、养花甚至房事等等，都当作充满情调的生活艺术和韵味无穷的养生过程，这与程颢的上述思想也完全一致。

看看现代人崇尚的体育运动，就会发现其精神实质与古人练太极、气功等有本质区别，因为古人强调在练功过程中掌握自己

---

[1] 李亚男. 猝死：心理压力大是主因 [N]. 新疆日报，2005-02-03.

生命的节奏，达到身心和谐、通体舒畅、性情柔和。而现代竞技体育的发展则使人们只知道拿冠军，为此他们常不惜让自己的身体严重透支。再以下棋为例。同样是下棋，现代人总是过分看重胜负，急于分出高下，没有足够的耐心去思考，也不能品味下棋的乐趣。而古人把下棋当作培养自己涵养的过程，所以他们倾向于认为一盘棋下多久都无所谓，关键是下棋时人的毅力、耐性、修养都能得到锻炼。

程颢"动息皆有所养"的思想，用现在流行的话讲，有点"小资情调"，这种情调离我们越来越近了。例如，现在人买房子要装修，装修完了还要装饰，注重空间的利用、家具的组合、颜色的搭配等等。我们都希望把自己的家装扮得异常温馨。为什么人们如此注重家的环境呢？因为这样可以使我们心理更放松，精神更安逸。按照程颢的观点，现代人对自己生活环境的精心构造，就是一种典型的养生。事实上，现代人的养生不仅体现在自己家里，还体现在对居住小区、工作场所甚至城市环境等的日益重视上。为什么我们非常在意自己生活的小区的环境？为什么世界上有那么多国家和地区十分重视城市的布局和改造？为什么现代人越来越重视生态自然？因为人们认识到：生活环境好并不仅仅是延年益寿这么简单的问题，还可以使我们赏心悦目，使我们心境更安逸，心情更舒畅；好的生活环境可以陶冶我们的情操，净化我们的心灵。在这方面，古人做得比我们好多了，中国古代发达的园林艺术，就是他们重视养生的明证。有时我们参观一些古代园林，那弯弯曲曲的堤径，婀娜多姿的垂柳，碧波荡漾的湖面，精巧别致的建筑，精雕细琢的柱石，乃至晴空朗月的空灵，让人心旷神怡，不禁为中国古代园林艺术赞叹不已。可以说，古人十分注重园林在"养人"方面的功能。

也许你会说，所有这些东西都与物质生活水平有关。当人们穷得连饭都吃不上时，自然也谈不上养生了。这种说法就有些片面了。无论是穷还是富，人都需要陶冶情操、涵养性情，这是在现有条件下最大限度地创造生活的唯一办法。你可以买不起新房，但是不等于不能让自己的家温馨惬意、充满情调；你可以没有豪华的装饰，但不应该不让自己的居所干净整洁；你可能整日奔波操劳，但是如果你真的珍爱生命的话，就没有理由不学会适当地放松自己，调节身心。相比之下，古人在物质生活水平那么低下的情况下，能创造出精致的养生之道，从本书所讲的修身学说，到中医养生，再到园林艺术，等等。这种养生之道并不仅仅是一些有钱士大夫的个人嗜好，也与他们对生命的理解有关。那些英年早逝的精英，如果多一点生活情趣，或可以分散一下精力，重新认识生命的价值，就不至于没日没夜地工作，导致悲剧发生。

有一段时间，我每次上班要穿越好几个交通拥挤的地段，有时走在马路上感觉很危险。有一个重要的十字路口，成天车水马龙、十分繁忙，很多人大胆闯红灯，此时我矛盾，自己究竟是该走还是该停。后来为了节省时间，于是跟大家一起走，甚至小跑。这样过马路有一种强烈的不安全感，东张西望，非常紧张。有时候，因为心里有事，急于早点赶到单位，就更加匆忙，甚至顾不了那么多交通规则了。经过几次惊吓，我忽然想明白了，我们固然有理由怪交通规则不合理，怪大街上的行人、车辆野蛮，但是，怪别人并不能拯救自己啊！应该明确自己当以什么样的心态赶路，至少不应该让自己处在一种紧张、不安的状态。换一种心态来思考，感觉问题可能还是出在自己的一颗心太忙。成天到晚赶、赶、赶，差点连自己的性命都搭上了，真的有必要吗？为什么不可以慢条斯理地走，把过马路当作一种享受呢？

我们应该享受生活中的每一分、每一秒，因为人生本来就是由无数个平常的分秒构成。应该彻底改变自己的心态，认识到每一个时刻、每分每秒，包括上班、过马路，都是风景，是生命中跳动的音符，而不是实现其他目的的手段。应该从容自若地去享受。我们之所以这样匆忙，主要是因为心里有事，在我们看来有更重要的工作要做，其实这正是误区所在。等到那些工作完成了，我们又认为还有重要的工作等我们去做，于是投入到新一轮忘我工作中。结果，在我们一生的任何阶段，我们总是有理由认为"现在"是手段，是实现其他更重要的目标的工具，因而都没有被当作过程享受过。我们被一种急功近利之心牢牢抓住而不能解脱，从来不会享受当下的人生，就这样一直到老、到死。无数个"现在"过去了，有一天我们忽然发现自己老了，在某一个特殊的时刻我们可能会怀疑自己的一生活得是不是有意义。问题不是我们不能享受生活，而是没那份心情享受。说穿了，还是因为缺乏从容的心态。这个思想误区，我们一定要走出来。而要从根本上解决问题，就要从"养心"开始，即让自己的脚步伴随着生命的韵律，一举一动都符合应有的节拍。用程颢的话说，这就叫作"动息皆有所养"。

苟得其养，无物不长

我们今天使用的"修养"一词，由"修"与"养"两个字构成，而这两个字一开始是分开来使用的。在先秦儒家典籍中，"修"字出现于"修身""修己""自修"等术语中，强调人格的修理和磨炼；"养"则主要是由孟子、庄子等人倡导，而后在思想史上产生了深远影响。孟子提出了许多有关于"养"的概念，如存养、养心、养性、养人、养勇、养气等，其中一些一直使用到今天。我们所熟悉的其他概念，如修养、涵养、供养、养生等名词，有的形成于战国，有的则出现得更晚。到了宋明时期，这些以"养"构成的词组，已经得到了广泛使用。现代汉语中常见的词组，如养成、养育、营养、培养、调养、滋养、补养、给养等，无疑也是受它们影响形成的。

现在我们再来看看"养"的本义是什么。《说文解字》是我国最古老、最权威的文字学经典之一，由东汉时期的大学者许慎（约58—约147）编写。根据该书的解释，养的本义是指以食物供养。从字形上看，"养"（繁体写作"養"）由上半部"羊"与下半部分"食"构成，是一个典型的形声字，其含义与"食"有关，而其读音则从该字的部首"羊"字而来。我们可以想象，在孟子时代，还没有我们今天熟悉的"修养"概念，孟子把本来指"以食物供养"的"养"字借用过来，表达我们今天所说的"修养"之义。他为什么要做这种借用呢？从行文中可以看出，他认为，人格的成长与生命的成长遵循同样的道理，需要足够的时间和过程，需要巨大的恒心与毅力。设想你要把一个小孩养大，必须给他提供吃、穿、住。此外，你还得有巨大的耐心，不可能指望一个三岁的小孩一下子长成二十岁的成人。因此"养"的含义之一，是指事物达到理想状态需要时间和耐性，需要循序渐进。同时，为了让小孩长大长好，还必须注意营养，尽可能避免生病，生病后要及时医疗、恰当护理等等。如果不注意这些事情，孩子就不可能健康成长。人格的成长也是同样的道理，需要时间、耐心和条件，需要慢慢培养，包括长年累月的照料、认真细致的护理，一刻也不能掉以轻心。否则，人格也不可能健全发展。

中国古代的养生思想，包括前面讲的程颐的养生思想，是在孟子等人修养思想的基础上发展起来的。如果说孟子的存养思想更侧重个人内心的修炼，那么宋明理学中的存养思想则在注重内心的同时，也注意如何从外在形式，特别是生活方式上加强自我修养，那么这一思想无疑在一定程度上吸取了道家的养生之道，以及佛教的禅修思想。

孟子说："苟得其养，无物不长；苟失其养，无物不消。"（《孟子·告子》）所谓"得其养"与"失其养"，讲的是人如何在生活和工作中处理好自己的生命需要与外部压力之间的关系。孟子还曾以牛山之木为例来比喻人格的培养。他说，齐国东南的牛山，人们看到它光秃秃的，这并非因为这座山不长树木，而是因为人们不断地来砍伐，甚至砍伐完了，树的根部在雨露、夜气的滋润下，才长出了一点嫩芽，又马上被牛羊吃掉。"牛山之木尝美矣"，只可惜它生在大国之郊，无人看养，所以不能健康成长。山上的树苗需要专门看护才能成长，人的生命何尝不是如此呢？如果对待人的生命，就像对待牛山一样，只是一味地要求它付出，而不让它获得应有的滋养，如何能不夭折？

你懂得在工作和生活中看养、呵护自己的生命吗？

例如，《光明日报》2005 年 12 月 6 日的一篇文章认为，现在35 岁左右的中青年所承受的工作和生活压力远远高于其他年龄段的人群。而长期处于紧张状态，会对人体健康产生不良影响。特别是中国的知识分子，目前肩负的"担子"日益加重。一些科研机构、高等院校一边在为人才创造更好的物质条件和科研条件，另一边也为他们加上了职称、论文、专著等"重型砝码"。学术上的压力大，上有老下有小的家庭要照顾，而一些对自己要求甚高的知识分子，又给自己设定了重重目标，迫使自己日复一日承担"完人"的使命，而忽视了"革命的本钱"。不仅高校如此，现在各行各业都强调竞争，落后者担心"末位淘汰"，中游者惶惶不安。结果，就连优胜者也要大伤元气。在各种物质的和非物质的"激励"面前，造成人们不顾现实可能性而拼命的情况，有时无异于"杀鸡取卵"。[1]

存心，养心，养性

针对人心的难以驾驭，孟子还提出了"存心""养心"的著名说法。"存"是保存，有意识地把握，不使丢失。"存心"指有意

---

[1] 宋醒，潘剑凯. 博导何勇英年早逝引发的思考 [N]. 光明日报，2005-12-06；于卉. 重新审视知识分子早逝 [N]. 科学时报，2004-04-23；张鲲翼. 高校应对博导英年早逝负责 [N]. 中国信息报，2005-08-19.

识地保存自己的良心，不使之被人事淹没。在日常生活中，我们的心灵经常是麻木的。我们学会了太多的做人技巧和"法术"，遇到问题首先想到的是应用这些技巧。但是这些技巧不能让我们在利益的诱惑面前气势如虹，在关键的考验面前义无反顾，做人的"法术"不能给我们的人格以力量、生命以底气。"存心"的"存"不能理解为封存，而是指有意识地保护和保存良心，别让它迷失。有时候，我们只有在夜深人静、独自静坐的时候，才会实实在在地感觉到自己心的存在。但是一回到现实，我们的本心立即消失得无踪无影。所以，明代儒学大师王阳明提出"致良知"，要求人们时时体会自己心的存在，感受良心的呼唤，聆听良知的声音。古人认为，"存心""致良知"是使生命获得底气、人格具有强大力量之最有效的途径。

"存心"之外，孟子还提出了"养心"。所谓"养心"，我的理解是，人的习惯是多年养成的，不可能一下子戒除所有毛病，需要日积月累地调整，逐渐把多年养成的坏习惯消除。因此，人心本身也需要"养"，我们要学习把自己的心当作一棵树、一株盆景来养育（你会吗？）。孟子说："养心莫善于寡欲。"（《孟子·尽心》）通过减少不健康的欲望，可以达到涵养心灵的作用。如果把我们的心比作一株植物的话，那么也可以说，清除贪心和私欲，保持净心，发展自己性格中善良的一面，就好比是在给自己的心浇水、施肥，保证心的健康生长。孟子还强调，"养心"一定要"专心致志"，持之以恒，不能"一曝十寒"。"专心致志"和"一曝十寒"这两个今天无人不晓的成语，就是孟子针对"养心"专门发明出来的。虽然孟子所提出的"存心"和"养心"，都是针对

"心"而发，但含义略有不同。"存心"是就具体的心理活动而言，强调抓住良心不放；"养心"则强调培养健全的心灵需要时间和耐性，不可能一蹴而就。"存心"从短期行为着眼，"养心"从长远效果着眼；"存心"需要毅力和决心，"养心"需要细心和体验。故宫里有一个"养心殿"，这是帝王养心的地方。可见孟子的"养心"思想，在中国古代文化中影响很大。

但是，"存心"和"养心"的最终目标是相同的，那就是培育健全的人格，用孟子的话说就是"养其性"。"性"这个字从词源上看由"生"与"心"两部分构成，在先秦典籍中常常就是"生命"的意思。加上一个"心"，意在强调它是一个身心交融的生命整体。因而"性"字有两层衍生含义：从行为方式上看，它表现为人的性格；从本质上看，它体现了人的本性。"养性"，就是要把自己的生命作为一个身心交融的整体来培育，通过"存心""养心"让生命之苗享受阳光、感受雨露、接受营养。孟子说："存其心，养其性，所以事天也。"（《孟子·尽心》）意思是，用心做人，凭良心做事，养育身心，涵养性情，才是对老天最好的交代（即"事天"）。这个过程被后世儒者简称为"存养"。孟子并没有把"天"当成"上帝"来崇拜，但他认为"天"是我们一切良好禀赋的源头，并使人成为万物之灵。孟子还指出，人比禽兽高贵的地方不在别的，在于人有良知、良心。为什么我们在做了坏事以后心中会感到不安呢？为什么有时会对他人有愧疚之感呢？这种天然产生的感觉，如果说是人的一种本性的话，那么也可以说是老天赋予人的天性。从这个角度说，如果我们不好好把握自己的良心、良知，就对不起老天了，也就是不能"事天"。孟子并不是要人们去盲目崇拜天，而是强调学会尊重自己的天性。

孟子接着又说："夭寿不贰，修身以俟之，所以立命也。"（《孟子·尽心》）意思是说，我们一辈子只能活一个岁数，我们不可能既长寿、又短命。但是，谁也不能保证自己活多大岁数，谁也不能保证自己一定不得癌症或夭折。这些我们能力范围之外的事，取决于天意。从这个角度说，命运是无常的，人不能自己左右，谁也无法逃脱命运的主宰。但是有一件事是人可以主宰而且应该主宰的，如果做不好，那可就是我们自己的责任了。这件事就是存心、养心与养性，简而言之就是修身。能修身才能"安身"。"立命"，即"立于命中"，就是指面对命运的无常，人还能够站起来，不为它的神秘力量所打倒。如果你能在无常的命运面前坚强地站立起来，你就无惧于死亡的威胁了，你的生命由此获得了牢不可破的根基，这就叫作"安身立命"。后世经常使用的"安身立命"一词即源于此。

养吾浩然之气

孟子还认为，一个人有无巨大的人格力量，取决于他平时自我修养的功夫；而衡量这种力量的主要标准，体现在他做人有无"浩然之气"上。孟子是一个具有豪侠之气的人，对完美的人格有很多描述。诸如"浩然之气""大丈夫""富贵不能淫，贫贱不能移"等术语警句，均是孟子首创、一直沿用至今。可以说，孟子对"浩然之气"的描述，乃是他对于"存心""养心"和"养性"更具体、更深刻的阐述。

孟子所谓浩然之气，是指一种做人的豪迈气概，它使人感到自己的生命无比刚劲、无比高大，巍然屹立于天地之间。孟子认为，浩然之气所代表的伟岸人格是在一定的条件下产生的。其中最重要的一条就是平时对自己的要求。

首先，浩然之气是"养"出来的，而非临时涌现出来。如何养？答曰："以直养。"何谓"以直养"？答曰：一个人如果平时总能够正直无私、刚正不阿，关键的时候自然能体现出较高的境界和水准。我们欣赏历史上的有些伟人，尤其是在国家、民族遭遇危难的时刻挺身而出、为国捐躯的人们，或者在历史的重要转折关头，表现出大仁大义、以壁立千仞的人格震撼了无数心灵的人们。那么，我们也应该认识到，是这些人平时长年累月、始终如一的做人功夫，使得他们在异乎寻常的历史考验面前，表现出了巨大的勇气。所以，没有长期以来为人处世的功夫基础，不可能在关键时刻表现出巨大的人格力量来。这就叫作"以直养"。此外，孟子在讲到"以直养"的同时，还强调了"直"不是简单地直来直去，而要"配义与道"，即"直"要合乎道义和公理。我愿意用我们今天的一句话来说，"直"要合乎天理良心，要经得起推敲和检验。

其次，孟子认为，培养浩然之气主要靠诉诸自己的内心来做到。其中最重要的一条，就是平时待人接物、为人处世，总能够从良心出发来要求自己，让自己心安理得。如果我们做的事情，会让自己内心深处感到不安，就会"气馁"，当然不可能再有正气。从行文中可以看出，孟子非常重视做人做事要扪心自问和自我反省。扪心自问时心中坦然，自我反省时毫无愧疚，才可能一身正气。孟子还在其他地方使用了"自反""反身"等说法，"自反""反身"都是自我反省。他引用曾子的话说，真正的勇敢并不仅仅指不怕死，而是在自我反省时心中没有愧疚和不安。"自反"时心中不安，即使是再弱小的对手也能让你心惊胆战；"自反"时心中踏实，即使有千千万万敌人，你也敢勇往直前。

其三，孟子强调，培养浩然之气并不是指按照外在的社会规范来要求自己。他坚决反对根据外在的道德规范和标准来培养人格，认为那样等于是揠苗助长。孟子说，浩然之气是"集义所生"，而不是"义袭而取之"。所谓"集义所生"，就是平时一直按道义要求自己，有了日久天长的积累才能有浩然之气。所谓"义袭而取之"，是指把"义"当作一个外在的无条件要求，强迫人服从。揠苗助长的故事，就是由他从这里讲出来的。如果按照孟子的观点，今天学校里盛行的许多道德教育，是否也是在揠苗助长呢？我们发明了很多道德规范，制定了许多道德准则，要人们学习和遵守，可是效果又如何呢？多数情况下，我们提倡道德，乃是因为听说社会需要道德，听说道德是维护社会秩序的必要条件。这种观点从一开始就把道德当作满足外在社会需要的工具来对待，对于道德所具有的自在价值以及道德成长的规律缺乏足够认识，可以说是揠苗助长的典型例证。

在孟子看来，崇高的道德境界和伟大的人格风范，绝不可能被理解为外在规范和标准的产物，而只能来源于我们灵魂深处积蓄已久的力量，来自于我们在精神的升华中对人性之崇高、生命之伟大的切身感受。什么时候我们能够在性命攸关的转折关头视死如归，在重大的人生考验面前无所畏惧，才表明我们有伟大的人生信念，有了浩然之气。孟子强调，所有无私无畏的人格力量的源泉，主要不是来自于对外部价值规范的接受，而只能来自于我们灵魂深处，来自于我们切身感受到的、鲜活人性的魅力。具体的实现要依赖于以合乎道义的方式做人，从良心出发做事，仰不愧于天、俯不愧于地。

以善养人，能服天下

儒家关于"养"的思想，还有一个重要内容，就是不仅"养己"，而且"养人"，与上面讲的"自养"过程相反，进一步发展为"养的人际关系学"和"养的政治学"。理想的人际关系赖以建立的前提是，能够"以善养人"，而不是"以善服人"。孟子说：

> 以善服人者，
>
> 未有能服人者也；
>
> 以善养人，
>
> 然后能服天下。
>
> （《孟子·离娄》）

什么叫作"以善服人"？什么叫作"以善养人"？关键在于"服人"与"养人"怎么理解。根据古人的注解，"以善服人"指以威武逼迫人服从，春秋五霸就是典型；"以善养人"指真心诚意地关心、帮助和爱护别人，使人们心悦诚服，求之不得地追随，其典型是"七十子之服孔子"。用今天的话来说，"以善服人"可指运用权威的力量来强迫人为善。能运用自己手中的权威来做善事，当然也是值得肯定的。但是在这种情况下，人们并不是心甘情愿地服从于你。如果他们没有违背你，那并不是因为他们不想，而是因为不敢。在孟子看来，最成功的做法并不是让人们慑于权威而不得不服，而是能够让人们发自内心地自觉追随。然而，要使人们自觉追随，不是一件易事，这涉及另一个重要的儒学概念——"化"。

一是"教化"。根据《说文解字》，"化"的本义与教育有关。在甲骨文和金文中，"化"字由两个人（一个正立、一个倒立）构成的，写作"𠤎"。因此，本义可能指人通过教育而发生了转化。直到今天，我们还用"和风细雨，润物无声"来比喻教书育人的过程。不过，古人所说的"教"并不局限于学校教育，还可指人格境界高的人对他人的影响，并且古人认为理想的人际关系中渗透着"教化"的成分。《孝经》中提到"教之可以化民"，大意是认为古代圣贤能够以身作则来感化他人，收到了与人心心相印、和睦相处的功效。这里的"教化"绝不是指编出一些规矩和准则来让他人学习或遵守，而是包括：自己真心爱人，让他人学会了爱人；自己公正无私，让他人理解了公平正义；自己谦逊礼让，让他人懂得了相互尊重；自己修习礼乐，让他人其乐融融；自己正直果毅，让他人有了善恶。通过读《孝经》，我们就能明白儒家在人际关系方面的理想并不是要他人服从自己，而是以实际行动来感化他人，从而达到以行育人、以善养人的效果。孟子提到了

"善政"和"善教"的区别，"善政"指好的办法措施，"善教"指严于律己，感化他人。他说，"善政，民畏之；善教，民爱之。善政得民财，善教得民心"（《孟子·尽心》）。遗憾的是，在如何来影响和改变他人方面，后人往往只会想到宣传和说教，很少体会到古人"教化"思想的精髓。

二是"风化"。"化"的另一个重要含义，指一个人在没有被迫和勉强的情况下，缓慢地、不知不觉地被改变了。《说文解字》用"风动虫生"生动形象地说明了"化"的这一含义。许慎说，"风"（繁体作"風"）由"虫"和"凡"两部分构成，其中"凡"代表发音，"虫"代表含义。"风动虫生，故虫八日而化。"春天来了，在春风的吹拂下，虫子开始孵化，一个新生命从无到有地诞生了。是春风的滋养，使一些细小的微生物发育、生长，化成了虫子，又从地上的爬虫化成了天上的飞虫。风是"无形而致者"（〔清〕段玉裁《说文解字注》），它在无形中滋养了万物，孕育出了新生命。这是一个典型的由"养"而"化"的过程。善于在人际关系中不着痕迹地影响别人，人们跟你相处如坐春风，不知不觉地发生着转化，这就是一个典型的"化"的过程。孔子说："君子之德风，小人之德草。"（《论语·颜渊》）《毛诗》上说"上以风化下，下以风刺上"，指君子的德性能够像风吹草动一样感化众人，让他们从善如流、乐此不疲。孟子用"民日迁善而不知为之者"（《孟子·尽心》）来形容"化"的过程。意思是，好的政治并不强迫别人去学习，而是通过塑造良好的社会风气，让人们一天天变好，却不知道是谁让他们变好的。汉代学者郑玄在《周礼注》中说："风，言贤圣治道之遗化也。"意思是，前昔圣贤在位时以身作则，感化了人们的心灵，让无数人获得新生；如今他们虽已离去，但他们铸就的一些风气一直传到了现在。在儒家经典中，还有诸如"以德化民""化民成俗""天下化成""施化""化育"等一系列表达类似思想的名词。

总而言之，儒家学者认为，理想的人际关系也是君子用自己的人格力量养育新生命的过程，他把每一个人、每一个生命都当作目的，而不是实现私人目的的手段。之所以强调"以善养人"，而不是"以善服人"，正是因为在孟子看来，勉强要人听从于你没有任何意义。能够以崇高的美德感化天下，让他们的心灵从你的言行中获得滋养，让他们的生命在不知不觉中健康成长，这才是君子社会交往的理想。今天，从更宏观的角度出发，我们要问：一个社会的繁荣昌盛，一个民族的文明进步，主要依靠什么呢？难道可以仅仅依靠经济、政治和法律手段吗？在儒家看来，仅有这些是不够的，还要培养人民良好的道德情操，让人心自觉地从善如流。为此，就需要"以善养人"，需要"教化"和"风化"。只有这样，才能从人心中形成强大的道义力量，为国家的长治久安提供牢固的基础，为正义的事业提供强有力的保障。"以善养人"，意义极为深远。

第三讲　自　省

吾日三省吾身。

——《论语·学而》

你日三省汝身

大家可能都听说过曾子"吾日三省吾身"的名言。曾子的话出自《论语·学而》，原文是："吾日三省吾身。为人谋而不忠乎？与朋友交而不信乎？传不习乎？"也许谁都知道，能养成自省的习惯，时时自我解剖，不失为一种有益的修身之道。可是通常情况下，我们就是没有精力和时间自省。现代人中真正严肃认真地自我反省的人很少。原因是多方面的，一个最重要的原因，就是忙。人们整天忙得不可开交，哪有精力和时间自省？

其实，在我看来，人们以忙为由而不自省，主要还是由于对自省的重要性认识不足。与其说忙到没有时间自省，倒不如说，多年来已经习惯于没有反省的生活状态。如果我们真正静下心来，好好地想一想自己多年来的生活，想一想自己生命的价值和意义，想一想自己现在的生活状态是否就是自己真正想要的，想一想自己多年来所犯的错误、所走过的弯路、所遭遇的失败以及导致这些挫折和失败的主观原因，或许我们真该痛下决心，开始新的生活，让人生过得更有意义。如果真正愿意自省，时间多的是。我们有那么多时间上网，跟人闲聊、下棋、游戏、寻找刺激……真的没有时间自省吗？自省本来就不是一件难事，可以在任何时间、地点、场合进行。自省可以在睡觉时，也可以在工作间隙，在休息时间，在公交车上，在候车处，在散步时，在排队时，在节假日……什么时候不可以自省？任何时候，只要我们有心，都是自省的好时光。关键是，我们能彻底静下心来自省吗？我们真的愿意严肃、甚至痛苦地面对自己身上一些致命的问题吗？如果我们能认识到，通过自省可能发现自己身上的致命问题，可以彻底改变一生的命运，可能让自己活得更有意义，那么还有什么事情比这件事更重要呢？如果我们能从这一角度认识自省的重要性，那么还有什么理由不放下手头的事情，投入到自我反省中去呢？

确实，在这样一个生活节奏加快、竞争异常激烈、生存压力巨大的社会里，我们不得不忙。但是，正因为忙，所以更应该保持一颗安静的心，一副清醒的头脑。否则，只会导致我们在匆忙之中作出错误的选择，让自己成了工作的奴隶，人生的境界和水准永远得不到提高。事情忙是一回事，心是否忙又是另一回事。能做到事忙而心不忙，不是很容易。多年来，我们是不是由于事多事忙，心也不能沉静下来？

从小到大，无论人生的哪个阶段，我们几乎都感到了生活的压力，不得不疲于应付、忙个不停。而这种忙，也使得我们有时失去了自我。有时我们感到自己像一片树叶，在生活的大潮中茫然漂流。有时我们感到自己像一颗螺丝，被钉死在命运的车轮上，只能随着车轮被动地旋转。我们何时是自己的真正主人？在我们人生的每一阶段，我们几乎都受到了来自于他人的深刻影响，父母家人、亲戚朋友、老师长辈、同事领导……，是他们为我们安排了一切。当我们走上工作岗位，单位和新的环境为我们安排了一切，决定了我们一生的方向。

我们是环境的一分子，永远只能随着命运的安排起舞吗？

如果我们真正想做自己的主人，让人生过得特别有意义，就应该彻底地安静下来，认真地自我反省，想想自己的人格有些什么欠缺，想想自己的选择出了什么问题，想想自己是否该重新安排一下自己的生活？《菜根谭》上有一段话是这样说的：

> 忙处事为，
> 常向闲中先检点，
> 过举自稀；
> 动时念想，
> 预从静里密操持，
> 非心自息。

生活虽然忙，但如能忙里偷闲，经常反省和检点自己，出错的概率自然会少。应事接物之际，最好能保持内心的沉静，清醒地把握自己，不好的念头自然会平息。一旦工作起来，可能会全身心地投入。全身心地投入有时是必要的，但如果过于投入，我们的心被工作或事务牢牢控制，久而久之，将无暇再面对自己，心也完全麻木了。在这种情况下，即使有了工作间隙和闲暇时光，心还是一刻也不能放松。长此以往，会感觉自己活得很累。这是一种"拎得起，放不下"的心态。《菜根谭》中的这段话试图说明，在繁忙中要保持内心的平静，在喧嚣中要恪守精神的清醒。

认识自己的无知

苏格拉底（前 469—前 399）被誉为"希腊哲学之父"，也是一个人格极其高迈的人。公元前 399 年，他被雅典人以渎神和危害青年等罪名判处死刑。在判决前的法庭申辩中，他当着许多听众讲述了这样一个故事：有一次苏格拉底的朋友凯勒丰来到了雅典的德尔斐神庙，这是一个雅典人供奉太阳神阿波罗的地方，凯勒丰问神一个问题："世界上有没有比苏格拉底更有智慧的人？"神庙里的女祭司告诉他："没有。"他把这个答复告诉了苏格拉底，苏格拉底百思不得其解，因为他明明知道自己并不是什么最有智慧的人啊！他也知道，在很多领域都有人超过了他。那么，究竟为什么神说苏格拉底是最有智慧的人呢？为了得到这个问题的答案，苏格拉底遍地寻访，求教于那些被公认为很有智慧的名流。结果却令苏格拉底大失所望，因为他发现这些人虽然一方面确实在一些重要领域超过了他，但是另一方面却多半认识不到自己的局限性，甚至往往会因为某方面的成就而误以为自己无所不通、无所不能。

最后，经过多番思考，苏格拉底很沮丧地得出：如果"苏格拉底最有智慧"的神谕正确的话，那么只有一种可能，那就是：在神面前，苏格拉底与那些名流贤达同样地无知，区别仅在于：苏格拉底承认自己无知，而后者却不承认。所以苏格拉底强调，真正的神谕应该是："人们啊！……发现自己的智慧真正说来毫无价值，那就是你们中间最智慧的了。"[1]"认识你自己"早已成为苏格拉底的一句名言。甚至到临死前，苏格拉底也不忘利用一次机会教育人们，不要妄自尊大，要学会认识自己的无知。苏格拉底说，他的母亲是个助产婆，他就是一个精神上的助产士，帮助别人产生他们的思想。

能够大胆承认自己的无知，有时确实非常艰难。特别是日常生活中，有时候，我们不知不觉中已经习惯于认为自己是世界上最独特的，自己就是比别人强。尽管身边的人未必都承认自己，但是我们内心里并不服气。有些人因一技之长而傲视他人，有些人因容貌姣好而小看同侪；有些人以家庭背景自我标榜，有些人自认为潜力巨大而过于自信；有些人靠耍小聪明而自以为是，有些人因小有成就而刚愎自用……

在人生的道路上，成天陶醉于自我的"独特之处"，自然不会有真正的自我反省。因为我们身上的很多毛病，在一种自以为是的心态支配下，是不可能得到真正的认识的。这也会使我们在遭遇挫折或失败时，有时会气急败坏地迁怒于人。由此，我们就能理解，为什么苏格拉底会发现，那些最有成就的人们不愿承认自

---

〔1〕北京大学哲学系外国哲学史教研室．西方哲学原著选读：上卷 [M]．北京：商务印书馆，1981：68．

己的无知。他们可能平时就很在意自己的名声、地位和价值，把自己看成比别人更成功、更高贵或更有价值的人。所以这时候，如果有人敢向他们挑战，就会深深地激怒他们。这也是苏格拉底惹恼了当时许多贤达名流，以至于丢掉性命的重要原因。但是，苏格拉底的话也确实指出了人性的某种共性，那就是常以自我为中心和妄自尊大的本性。如果我们不能有意识地反省和克制自己，完全可能成为这种本性的奴隶。这正是自省的重要性所在。让我们记住《菜根谭》中的一段话吧：

> 盖世的功劳，
> 当不得一个"矜"字；
> 弥天的罪过，
> 当不得一个"悔"字。

突破心灵的范式

美国学者库恩（Thomas Kuhn，1922—1996）在其1962年出版的小书《科学革命的结构》中，提出了科学研究的"范式"（paradigm）问题。库恩的"范式"概念是指从事同一领域的科学工作者，通过几代人的积累所逐渐形成的一系列信念、方法、预设等等；这些共同信念、方法和预设经过一些人深思熟虑的加工、完善，成为一段时期内所有科学家从事科学研究的基本框架或模型，即范式。科学研究的范式在形成后会通过各种方式广泛传播，它像一整套"前提假定"一样，成为同一学科领域的人们不得不共同接受的规则或标准，也构成了许多人不言而喻的思维框框。只要没有人突破范式，就很难有真正的科学革命，而至多只能有具体领域、具体问题上的突破。[1]库恩的"范式"概念提出来后，立即引起了社会各界的广泛关注，如今这一概念在许多其他领域也被人们日益普遍地使用起来。

如果我们将"范式"这个词从更加广义的角度来理解，或许有助于说明自省的重要。那就是，每个人在一生的历程中，都会形成一整套自己思考问题的范式，具体表现为为人处世的基本方式、看待社会现象的基本立场、对于人生的基本信念等等。可以这样说，思维范式相当于构成我们每个人世界观与人生观之基础的思维框框总和，它本能地支配着我们的思想，也束缚或限制着我们的行为。正如库恩指出的那样，范式被人接受往往并不是由于人们已经对它的基础进行了足够理性的检讨，而是由于认为它是迄今为止最有效的。人生的范式也是这样，它未必经过了个人的认真检讨，甚至可能建立于个人喜好、直觉以及包括家庭环境在内的各种因素综合影响之上。但是它构成了我们做人的基本信念，我们"相信"它的有效性，并认为至少迄今为止它都是"对我来说"最有效的。或者如果别人对我的批评触及到了它，我还可能从宿命论的角度来为自己辩护："我这个人就这样了，这大概就是我的命吧。"然而，一个人的思维范式究竟是什么，他自己未必总有清楚明确的认识，往往只有在遇到具体问题时，思维范式

---

〔1〕托马斯·库恩. 科学革命的结构 [M]. 金吾伦, 胡新和, 译. 北京：北京大学出版社, 2003：9-10, 21.

才会浮现出来。他可能会说："我就是改不了这个毛病。""我这个人有一个致命的性格弱点……""我就是这个特点。"……一个人的思维范式，包含许多自己已知或未知的内容。

兹举一例。比如，我曾经是一个非常要强的人，具体表现为：希望自己各方面不比别人差；死要面子；在人前受了委屈，心中暗暗发誓要在其他方面超过人家；在事业上期望不断向别人证明自己的实力；有时不自觉地认为比同学、同事或朋友更厉害……这种要强心理支配了我许多年。有一天，《菜根谭》中的下面一段话给了我巨大的启发：

> 为善而欲自高胜人，
> 施恩而欲要名结好，
> 修业而欲惊世骇俗，
> 植节而欲标异见奇……

"自高胜人""要名结好""惊世骇俗""标异见奇"，这些含义不难理解。这段话让我第一次认识到：我的争强好胜心理，其实是很多人身上共有的。如果说我的争强好胜是为了证明我的独特价值，那么争强好胜心理普遍存在这一事实本身也已经证明，一个被此种心理支配的人并不独特。

这里的思维范式突破在于：过去我是在无意识中受"争强好胜"这一思维范式支配的，从未直接思考过它有什么不好。现在则能尝试从中走出来，反省自己是如何受这一思维范式支配的，清醒地认识自己的性格缺陷。结果，我发现自己多年来的生活方式有问题。有什么问题呢？多年来就是由于自己争强好胜，才表现出过强的事业心，结果形成了不会享受生活的缺点。事业追求几乎占据了我的全部空间，也使我的生活变得枯燥乏味、没有情调。同时我也开始认识到，一些过去我瞧不起或者看来不如我的同学或朋友，其实非常懂得生活，他们的日子过得有滋有味，我凭什么说他们过得不如我有意义呢？于是我开始有意识地面向生活，调整自己，用更多的时间来创造人生的乐趣，对事业的成败也努力用平常心来看待。尽管不能说完全走出了过去的思维范式，但是至少已能正视自己的问题。

也许你会说，要做到这段话中所说的那样太难了。谁没有这方面的思想啊？许多人正是争强好胜、不甘居人下，才有了奋进的动力，并取得了事业的成功。再说，如果没有一点争强好胜的心理，人生在世岂不是一点激情都没有了吗？这类问题，我也经常被学生问到。这可能是一种片面的看法。《菜根谭》试图告诉我们：不是不要奋进，而是以另一种更好的方式奋进；如果只能采取争强好胜的方式奋进，那也注定了你一生的境界和幸福只能在一定的限度内打转；事实上，还有更好的奋进方式，能让我们这一辈子所得更多，生命的质量更高，人生的幸福更长久。

因此我认为，认识和研究在无意识当中支配自己的思维范式，是人生最有意义的事情之一，也应该是自省的基本任务。因为有些支配我们的思维框框，我们能清楚地把握，对它的好坏还能有所认识；而有些思维范式或框框，我们并不是很清楚，却在无意识中深刻地支配着我们的思想，影响着我们的行为，决定了我们一生的命运。这些不好的思维范式或框框，如果不搞清楚，有可能成为我们性格中永远无法突破的局限，甚至给我们带来巨大的忧患，我们却到死都不知道它们是什么。每次读《菜根谭》《小窗幽记》《围炉夜话》等书，总是被其中所迸发出来的智慧光芒所震慑，让我一次又一次认识到局限着我的思维框框或范式。

必先无得罪于冥冥

公子商人、公子元、齐昭公等人都是齐桓公之子。鲁文公十四年（前613），齐昭公死后，公子商人弑昭公子自立，成功地登上了国君的宝座，史称齐懿公。就在懿公刚杀死齐昭公之子、还未即位之际，他曾去找他哥哥公子元，说要把国君之位让给他，公子元答道：“你还是放了我吧！你想了这么久，何苦让给我呢？我能臣服于你，你岂能让自己心中有憾？”

齐懿公为公子期间，曾与邴歜之父争田未果。等他当上国君后，硬是将此人的尸体从坟墓中挖出来，刖掉双足。他看骖乘阎职之妻漂亮，将其占为己有。

一天，齐懿公来城郊湖中游泳，岸上的邴歜突然拿起竹鞭，照准阎职猛抽。一边打一边说：

“老婆被人霸占了都不敢生气，我抽你几下算什么？”

阎职怒道：

“父亲被人鞭尸都不敢报复，相比之下哪个更耻辱？”

于是两人合谋将懿公害死，把尸体丢进竹林后逃离。史书记载懿公死于鲁文公十八年（前618）。

齐懿公之死，表面看来是由于他得罪了手下的两个小臣。然

而，稍加思索即可发现，他死于贪婪和自慑，即不能让自己心中
有憾。凡是自己想要的一定要搞到手，搞不到手的东西别人也甭
想要。他太在乎自己了。公子元已将齐懿公的病根子说出来，但
是这个隐藏于他内心深处的病根子，又岂是懿公自己所能看清
的？《菜根谭》中有这样一段话：

> 肝受病则目不能视，
> 肾受病则耳不能听。
> 病受于人所不见，
> 必发于人所共见。
> 故君子欲无得罪于昭昭，
> 必先无得罪于冥冥。

　　让我们仔细体会一下。什么叫作"人所不见"？什么叫作
"人所共见"？我认为这段话是对苏格拉底"认识自己的无知"这
一名言的极好注解。它的大意是，一个人外在行为中所表现出来
的问题，其症结可能深藏于他的内心世界背后，甚至连他自己也
未必清楚，更何况别人了。比如齐懿公的内心世界，在他做出一
系列行为之前，谁也看不出来。等到有人看出来时，为时晚矣。
又如，有的人总是想占别人的便宜，这是他的思维范式。但是他
在每次想占别人便宜的时候，他可能并不认为这是在占便宜。强
烈的欲望促使他本能地向那个方向发展，并为此采取了一系列措
施。他甚至可能认为那些便宜是他应得的，那是他证明自己人生
价值的恰当方式。因此达到目的时他就开心，达不到目的时他就
沮丧。正因为他视自己的做法为正常，所以可能拒绝接受别人的

意见，也拒绝对自己采取批评和反省的态度。总之，他对于自己内心深处的真实想法是不能正视的。这也就是说，他不能跳出自己的思维范式，对长期以来支配自己的思维范式作出清醒的评判或检讨。所以说，"病受于人所不见，必发于人所共见"。

"故君子欲无得罪于昭昭，必先无得罪于冥冥。"昭昭是人所共见的，冥冥是人所不见的。苏格拉底说"认识你自己，认识你自己的无知"，曾子说"吾日三省吾身"，都是因为一个人"冥冥"中的东西，别人无法晓得，自己也未必能清醒地面对。比如齐懿公死于臣仆之手，还有历史上一些风云人物功败垂成，我们看到他们的故事，有时会窃喜，以为自己不可能犯他们的低级错误。如果你真这样想，那也是妄自尊大了。这不仅是因为你小看了他们，至少你这种想法本身已经是在寻找理由证明自己比他们强，这难道不也是"太在乎自己"的明证吗？所以，很多内心深处的病根子，在别人身上存在，在你我身上可能同样存在，也许程度不同，也许表现方式不同。我们如何能轻率地说自己不在乎自己呢？所以要想"必先无得罪于冥冥"，其实很不容易，需要深刻地自省。

目中有花，万物皆妄

弗洛伊德（Sigmund Freud，1856—1939），奥地利人，是 19世纪末 20 世纪初西方最伟大的思想家之一，也是现代心理学的鼻祖。他在早年提出了著名的意识—潜意识的区分学说。[1]他提出，人的心理活动有些能被我们觉察到，有些却不能或很难被我们觉察到。前者属于意识范畴，后者属于潜意识或下意识范畴，潜意识亦称无意识。通常情况下，人生活在自己的意识世界里，有些被我们当作不合理智、违反道德或社会规范的欲望或冲动，常常刚一露出萌芽就被我们压下去，渐渐地也就从我们的意识中消失了，进入到下意识或潜意识之中。

弗洛伊德认为，潜意识世界里的东西，虽然不易为人所察觉，恰恰深刻地影响着人们的个性。因为它往往反映着人们内心深处最深刻的需要，并在有意无意之中强烈地支配着人们的行为方式。而一个人潜意识里面的东西越是得到释放，内心深处的压抑就越少，人格的健康就越有保障。反之，如果一个人潜意识世界的欲望一再遭到挫折和压抑，他的人格就容易扭曲。最极端的情况就是人格变态，甚至精神病。由于潜意识世界里的欲望时常会被当成不正常，被视为不理智或不符合社会规范，因而遭到压抑，因此每个人的性格中都有一些不健康的成分。

弗洛伊德给人治病的方式之一是让他进入梦境，让其尽可能在梦中把所遭受的某些经历说出来，然后针对患者的病因进行开导，帮助其正确认识自己内心世界压抑的根源。一旦病人内心的压抑得到了释放，就能自然地恢复健康。我认为，正如弗洛伊德所提示的，每个人可能都有一些特殊的遭遇，一些心理上长期不敢面对、没有得到释放的情结。这些被压抑的情结，伤害着我们

---

[1] 张燕. 我所理解的弗洛伊德的无意识理论 [J]. 社会科学，1985（12）：51-54；王志刚. 弗洛伊德的无意识理论探析 [J]. 渭南师专学报（综合版），1988（2）：57-62.

性格的正常发展，使我们的身心健康受到破坏而不自知。如果我们能针对自己的某些性格弱点而深思，找出内心世界里自己过去不敢面对的东西，努力地、有意识地面对它，并学会以理性的心态来看待它，不失为一种良好的自省途径。心理医师已经成为一种专门的职业，现在很流行，我想不是没有原因的。它建立在弗洛伊德等人所开创的现代心理学上，帮助人们学会认识自己。

明代学者吕坤的《呻吟语》中有这样一段话：

> 目中有花，
>
> 则视万物皆妄见也。
>
> 耳中有声，
>
> 则听万物皆妄闻也。
>
> 心中有物，
>
> 则处万物皆妄意也。
>
> 是故此心贵虚。

吕坤（1536—1618），字叔简，号心吾、新吾，自号抱独居士，明代万历年间进士，官至左侍郎。《呻吟语》是他写的一本记录个人修身体会的心得集锦。该书是他用三十年心血一点一滴积累而成，出自"病时呻吟，辄志所苦以自恨"。据此可以发现，此人日日夜夜都把治心当成头等大事来对待，表现为时刻对自己观照反省，每天以日记、心得等方式解剖自我。这种现象在古代读书人中普遍存在。

上面这段话讲的道理是，我们之所以在人事判断上会出问题，是由于心中先入为主的东西在作祟。所谓目中之花、耳中之声、心中之物，皆属于"冥冥"中人所不见的东西。所以人心不虚，为先人之见充塞，自然不能正视自己的问题，更不能发现自己心理世界的病根子。从这个角度来看，也可以说弗洛伊德的无意识学说，就是通过引导精神病人释放自己无意识世界中的情结，来达到清除心中"妄见""妄闻""妄意"的效果。同时，按照他的理论，正常人与精神病人之间并不存在本质区别，人人皆可能受到自己无意识世界的困扰，皆有心理压抑，因而也皆有"妄见""妄闻""妄意"。由此出发，我们每个人都需要学会认识自己的无意识世界，通过逐步清除自己的"妄见""妄闻""妄意"来确保心理的健康。

儒家的自省思想从某种程度上看与心理学在现实生活中所扮演的角色是非常相似的。今天我们反复阅读包括《大学》《中庸》《论语》《孟子》等在内的儒家经典，阅读《菜根谭》《呻吟语》《小窗幽记》乃至《曾国藩家书》等，可以发现，中国古代的修身思想，可以理解为是一门教人如何对自己进行心理分析、心理调节的学问。虽然古代学者没有使用现代心理学术语，但可以说，儒家的自省学说就是在培养我们每个人成为自己的心理医师。尤其当我们读到曾子、孟子关于自省的段落，读到《菜根谭》中"夜深人静，独坐观心"的句子时，会发现，心理上自我认识、自我调整和自我分析能力的培养，在古人的精神世界里有着多么重要的地位。难道我们不应当成为自己的心理医师吗？

现在，让我们一起来做一个心理实验：静下心来，想一想自己内心深处最深刻的痛是什么，什么事情是我多年来不敢面对的，什么事情让我最无法忍受？或者换一个角度，什么是现在支配我的最强烈的愿望，该愿望同时又是我所不能或不敢向别人承认的？对于这些事情，我们能不能用心想一想，能不能用理性的态度来看待它们，找出问题的症结，正式承认并接受它们？诚然，这需要巨大的勇气。但是我也深信，这样做对我们心理的健全一定有所帮助。

从五更枕席上参勘心体

按照弗洛伊德的心理学，人的潜意识世界虽然藏而不露，但是却如同在海面下的冰山，庞大无比，深不可测；而人的意识世界里反映出来的问题，则如同冰山的一角，如果稍不细心，你会轻而易举地忽略它们背后的东西。往往只有在问题已经非常严重的时候，我们才会感觉强烈的不对劲。正因为如此，在现实生活中，有时候我们言行中所暴露出来的偏颇，本来已经反映了我们精神世界的深刻问题了，但是我们可能认识不到，根本没把它们当回事；也有些时候，我们已经觉察到了自己的精神世界不对劲，但是我们对问题的严重性缺乏认识，因而不愿意认真地面对；有些问题，我们确实认识到它们的严重性了，但由于工作忙，由于多年来没有自省的习惯，结果这些问题可能在我们心中一晃而过，之后再也没有成为我们自省的对象。

比如说，"妒贤嫉能"是一个人所共知的贬义词，人人都知道妒贤嫉能不好。但这不等于我们真能在自己的生活中避免妒贤嫉能。因为当我们真的妒贤嫉能时，我们绝不认为那是妒贤嫉能，而可能认为"那人有啥了不起"。设想，你有一天与你的老朋友、老同事或老同学见面，你意外地听说某某人买了一套很大的房子，比你现在住的房子大多了。你说不定心里就很不舒服、很不平衡，这其实已经是在"嫉能"了，但是你不会觉察到。既然人家是凭自己的能力买了房子，你有什么好嫉妒的？可是你就是不服气，可能会想："我哪一点不如他了？凭什么他就能住得比我好？"你可能把他的成就归结为此人会钻营，此人唯利是图，此人为了钱什么事都做得出来……也许此人的为人，确实可以挑出这样那样的毛病。但是，是不是完全像你所说的那么糟糕呢？就算你的分析有一定道理，你还是没有认识到自己的性格问题。你可能意识不到，自己的第一反应已经鲜明地体现了你本能的嫉妒之心在作祟，这才是你整个心态的症结。

再比如说，我们可能早就听说过"闻过则喜"的美德。我们从小就认识到，只有闻过则喜，才能不断地完善自己。但是事实上怎么样呢？"闻过"本身就很难。因为在很多场合下，我们听到别人的批评，不一定认为自己真的有过，而是有可能相反，我们怀疑是批评者有问题。最简单的例子，我们听父母唠叨时，有时会认为他们想得太多，认为他们的许多批评完全没有必要，因此我们就排除了把听父母之言当作"闻过"了。有时我们听同事、同学或领导批评，可能会非常生气，我们怀疑是有人别有用心，有人在背后使坏；或者认为领导偏听偏信，受小人误导；或者怀疑批评者人品有问题，挟私报复，等等。事实上，如果一个人平时没有养成自省的习惯，在听到别人批评时，很可能根本就不当回事，还谈得上什么闻过则喜？

从这些例子可以看出，要真正学会自省是一件相当不容易的事。所以古人提出要"从五更枕席上参勘心体"（《菜根谭》），所谓"心体"，可以理解为人的本性，即心性的本来面目。"参勘"是一种非常深刻的自我反省、自我检讨。为什么要在"五更枕席"上做此事呢？古人也说了，因为这时"气未动，情未萌"。我们在白天忙碌的时候，情绪烦躁不安，哪有心情自省啊！即使自省，由于受自己情绪的影响，也容易分辨不清，判断错误。正因为自省之难，古人提出要每日三省，你能做到吗？

现代心理学有大量关于自我意识、心理健康和人格成长之间关系的调查和研究，有助于我们认识自省的重要性。按照现代心理学，自我意识是个性的重要内容，它不仅决定了人的性格能力和个性特征，而且深刻地影响了人们的需要、兴趣、爱好、理想、信念等个体的倾向性，自我意识是一个人走向成功和失败的方向盘和指南针。积极的自我意识能够帮助人正确认识自己、管理自己，在遇到挫折和失败时，能及时调整自己，抚平创伤，走出心理的阴影。消极的自我意识使人在失败和挫折时沮丧、泄气、破罐子破摔。我们可以发现，古人讲自省，实际上也是帮助人们培养心理分析的能力，培养人们积极的自我意识，包括自我认识、自我驾驭、自我调节、自我释放的能力等。可以说，现代心理学所揭示的道理，与儒家自省思想不谋而合。

高一步立身，退一步处世

在印度和泰国随处可见这样的情景：一根小小的柱

子，一截细细的链子，拴住了一头几千公斤重的大象。
驯象人在这些象幼小的时候就用一根这样细的链子拴住
小象，小象无论如何怎样使劲也无法挣脱。就这样，这
些象慢慢认识到链子是永远无法挣脱的，直到它们变成
几千公斤重的大象时，仍然这样认为。尽管这些大象只
要稍微使点劲就可以立刻把链子扯断，但是由于它们连
想都不会这样想，所以主人们从来也不用担心大象会挣
脱链子。[1]

这个故事告诉我们习惯的力量。人一旦养成了某种思考问
题的习惯，除非受到什么刺激，通常不会有意改变它。在修身方
面，这个问题同样存在。除非我们对自己有比较高的要求，勤于
思考，经常自省，一般情况下都会按自己从小养成的思维习惯去
生活、待人接物。即使有时发现自己的性格或思维方式有问题，
也未必会思考如何改变；即使思考改变之，或由于用心不够，或
由于事务繁多，通常都不会有较大改变。尤其是成年之后，生活
压力较大，更不会在性格修养上下太大功夫。由此造成的情况
是，由于自省不够，我们将可能一辈子停留在从小养成的思想框
框和思维方式里，不会有大的改变；如果我们从小养成的思维习
惯有什么致命的问题，我们可能一辈子也认识不清。对自身无
法突破的性格局限，有时我们会自怨自艾，有时归咎于自己的
"命"，却较少有人想到许多性格局限是可以突破和扭转的。《菜
根谭》有言：

---

[1] 黄健. 习惯于自然 [N]. 赣东都市，2007-03-13.

鹄恶铃而高飞，

不知敛翼而铃自息；

人恶影而疾走，

不知处阴而影自灭。

这段话很美，也通俗易懂，是在讲思维的急转弯。就像我们平时猜谜语时需要脑筋急转弯一样，在自省方面，同样需要思维的急转弯。它提醒我们，有时候在一些问题上自我认识不足，或者性格上有某个缺陷，很可能是由于思想上的某个误区造成的；而这个思维上的误区，只要稍微变换一下角度就可以克服。只是由于自己没有勇气改变思维的"定式"，才带来了终生隐患。就像我们有时说的"退一步海阔天空"。"退一步"就是思维急转弯。有时需要通过思维的急转弯，才能使自己站得更高、看得更远。

第四讲　定　性

知止而后有定。

——《大学》

职业枯竭就在你身边

1961 年，美国作家格林出版了一本名为《一个枯竭的案例》（*A Burnout Case*）的小说，书中描写了一名优秀的建筑师，功成名就后逃往非洲原始丛林的故事。原来，这位建筑师在事业上取得巨大成功的同时，却在精神上经历了巨大的痛苦和折磨，最终他感到自己的心理和精神被工作耗尽，不得不彻底放弃。1974 年，美国精神分析学家费登伯格（Freudenberger）首次提出"职业枯竭"（job burnout）这一概念。[1] 今天，"职业枯竭"已经成为一个专门的心理学术语，也有时被称为心理衰竭，用来描述职业人在工作重压之下身心俱疲的感受，一种身心能量被工作耗尽的感觉。到了 20 世纪 90 年代，对于职业枯竭的研究范围从服务性质的行业逐渐扩展到教育业、技术业和培训业（如教师、计算机工程师、军人、管理人员等），并迅速从美国向欧洲乃至亚洲国家辐射。[2]

研究者提出，"可以把职业枯竭看作是个体无法应付外界超出

---

〔1〕许燕，等. 职业枯竭：研究现状及展望 [J]. 西南师范大学学报（人文社会科学版），2006, 32（5）: 7.
〔2〕许燕. 现代人的职业枯竭与心理健康 [J]. 青年记者，2005（10）: 35-37.

个人能量和资源的过度要求时，所产生的生理、情绪情感、行为等方面的身心耗竭状态"，主要表现在以下三个方面：

（1）情绪衰竭。是枯竭的个体压力维度，表现为个体情绪和情感处于极度疲劳状态，情感资源干涸，工作热情完全丧失。

（2）去人性化。是枯竭的人际关系维度，表现为个体以一种消极的、否定的、麻木不仁的态度和情感去对待自己身边的人，对他人再无同情心可言，甚至把人当做一件无生命的物体看待。

（3）个人成就感降低。是枯竭的自我评价维度，表现为个体对自己工作的意义和价值的评价下降，自我效能感丧失，时常感觉到无法胜任，从而在工作中体会不到成就感，不再付出努力。[1]

许燕这样刻画职业枯竭：

染上职业枯竭的人犹如失去水的鱼，备受窒息的痛苦。他们感到自己有明显的空虚感，觉得自己的知识好似被掏空了一样，无法满足工作需要，注意力不集中，思维效率降低；不能适应知识的更新。个人成就感降低，自我效能感下降，自我评价下降；怀疑自己，时常感觉到无法胜任工作，感到无能和失败，退缩，从而减少心理上的投入，不再付出努力，消极怠工，缺勤；离职倾

---

〔1〕王芳，许燕. 中小学教师职业枯竭状况及其与社会支持的关系 [J]. 心理学报，2004，36（5）：568-574.

向加剧，甚至转行。据调查，现代人产生工作枯竭的时间越来越短，有的甚至工作 8 个月就开始对工作厌倦，而工作一年以上的白领人士有高于 40% 的人想跳槽。产生职业枯竭的工作者会出现失眠、焦虑、烦躁等生理上的疾病、心理上的不适以及行为上的障碍，若不及时处理，将会给自己带来不可预期的伤害。[1]

虽然职业枯竭的问题在我国一直到 20 世纪末叶才受到关注，但是调查结果显示，世界范畴内普遍存在的职业枯竭（又称"工作倦怠"）现象正在侵袭中国。相当多的受调查者出现了中度职业枯竭，有的出现了严重的职业枯竭，而且女性明显高于男性。其中教师、医护人员、警察、新闻从业人员等，成为了职业枯竭的高发人群。有人甚至预测，职业枯竭将成为 21 世纪的"流行病"。[2]此外有关报章报道，慢性疲劳综合征在城市新兴行业人群中出现的发病率较高，科技、新闻、广告、公务员、演艺界、出租车司机等行业发病率超过一半。另外，大多数"坐班"人员处在亚健康状态。

究竟是什么原因导致了日益普遍和严重的职业枯竭呢？美国心理学家克里斯蒂娜·马斯拉奇（Christina Maslach）和芝加哥大学法学院教授布赖恩·莱特（Brian Leiter）提出了六大因素[3]：

---

〔1〕许燕. 现代人的职业枯竭与心理健康 [J]. 青年记者，2005(10)：35-37.

〔2〕孙红霞. 警惕职业枯竭的侵袭 [N]. 现代护理报，2006-05-25(1).

〔3〕王军妮. 影响教师"职业枯竭"心理疾患的内外因素 [J]. 牡丹江大学学报，2007, 16(1)：151-153.

（1）工作负载和强度，时间要求和工作的复杂性；

（2）对自己日常的工作缺乏自我控制能力；

（3）薪水太少，并且不得不做自己不愿意做的事情；

（4）感觉团队精神和人与人的关系淡漠；

（5）缺少公平、信任、公开和尊敬；

（6）公司或单位总让人做与自己的核心价值不符的事情。

现代人总是自豪地认为，现代社会无论是物质文化还是精神文化都比古代繁荣发达得多，但是从现实情况来看，现代人的生活质量未必比得上古人。

于心气上验之

让我们从一则故事讲起。有一次，宋代理学家程颐收到友人张载的一封信，张载在信中将自己最近关于修养的体会写成了一篇文章，请程颐指点。程颐看后在回复中说：

> 所论大概，
> 有苦心极力之象，
> 而无宽裕温厚之气……
> 欲知得与不得，
> 于心气上验之。
> （《近思录》卷三）

　　这段话的大意是：你所写的东西，内容固然不错，但是从行文可以看出，你为了写这篇东西，搜肠刮肚、费尽心机，弄得自己精疲力竭、身心憔悴。你这是何苦呢？你口口声声要发明可以拯救人性的大道理，但是看看你自己，却活得如此辛苦，岂不是自欺欺人吗？程颐的这段话，显然是在讽刺一些人为了某一个更大的事业，而把自己当下的生活弄得不成样子。他从养生的角度否定了这种修业方式。

　　在这里，"苦心极力之象"与"宽裕温厚之气"形成鲜明对比。前者是为了某个外在的目标而牺牲当下，把自己弄得很苦；后者则是工作时从容自得，心里放得开，工作本身成了享受。程颐还指出，要想知道自己人生的修养和境界如何，其实很简单，验看一下自己的心气就知道了，"欲知得与不得，于心气上验之"。"得"是指在做人方面，你是不是真的找到了感觉。就像穿鞋子一样，好与不好自己心里最清楚。一个人在思考人生的道理时，如果想明白一个道理后，感到内心里非常充实、有活力，有一种前所未有的愉悦和放松，那说明是真想明白了，"思虑有得，中心悦豫，沛然有裕"（《近思录》）。相反，如果一个人自认为把做人的道理想明白了，但在想的过程中他感到心力交瘁，有苦难言，那还不是真的想明白了，而是勉为其难，自欺欺人罢了。因此，他建议张载还是"潜心默识，玩索久之，庶几自得"（《近思录》）。"玩索"就是反复地玩味。

　　宰相司马光与程颐交情笃深，曾推举程颐做了宋哲宗（1085—1100 在位）的老师。有一次，程颐听说司马光为了编《资治通鉴》，经常通宵达旦不睡觉，有时候整夜整夜地秉烛沉思，长时间地焦虑不安。程颐私下跟自己的学生说，司马光这个人简直是太悲惨了。做人嘛，何必把自己弄得这么累呢！人活一世，究竟有多少血气，经得起你这样劳耗。在程颐看来，无论你从事什么样的事业，都要保持宽裕温和、从容不迫的心态，才能算活得有意义。换言之，为了事业有成，让身心健康受到摧残，即使取得了再大的成就，都是没有意义的。至于有些人生命质量差到了心力交瘁甚至朝不保夕的程度，更是与初衷背道而驰了。在古人看来，这就叫作"偏执"，应当"去执"。我们今天也可以借用一下西方哲学名词，称之为"异化"。所谓"异化"，是指从事一种与人性相对立的工作。不是说他的工作目标不好，而是说这种以牺牲生命质量为代价的追求，是不值得的。程颐所批评的正是这种异化或偏执的工作态度，它在今天的白领阶层中是否是一种普遍现象呢？

在程颐看来，人生在世，无论何时何地，都要尽可能过得有意义。无论我们学什么，做什么，都不应当为了将来的目标，而牺牲了当下。我们很多人，每天都在为未来的某个看似必要或宏大的目标而奋斗，而把当下的时光当作手段，认为牺牲当下的生命是为了获得更好的将来。结果，无数个当下过去了，我们依然生活在为将来而牺牲当下的情境中。最后，当我们老了，才发现自己仍然在为将来而牺牲当下。好不容易快熬到生命的尽头，仍然无法摆脱为将来而牺牲当下的苦命。固然，有时候我们是不得已而牺牲当下，我们没有别的选择。但是，事实上，情况未必如此简单。如果我们真的认识到生命的珍贵，无论如何迫不得已，都应该努力把每一个当下过得更有意义，因为人的生命就是由无数个当下构成的。

　　偶尔听说一些名人，功成名就，身家亿万，仍然选择了出家来了却余生。究其原因，是因为这些人看破了尘世的各种物欲，发现人生的种种追求，最终带来的都是心累和烦恼。他们感到如果不出家，就不能从为物欲所累中彻底走出来。跟那些为了功名利禄而心力交瘁、心理枯竭甚至过早离世的精英相比，这些人的选择未必是错的。

以出世之心，做入世之事

　　宋代是儒学发展史上又一个辉煌时期。以周敦颐（1017—1073）、张载、程颐、程颢、邵雍（1011—1077）五人为代表的一批学者，在吸收道家和中国佛教思想的基础上，将儒家思想创造性地发展到一个新的高度，后人又称他们为"北宋五子"。他们运用心、性、理、气等重要概念来重新阐发儒家思想，导致了宋明时期占统治地位的理学的形成。由于他们都异常注重心性修养，其思想又被称为"心性之学"。由于这五个人生活在同一个时代（周敦颐稍早），彼此之间有不少学问上的交流切磋。张载是当时关中的大学者，在儒学方面有极深的造诣，有一次他向程颢请教"定性"的问题。张载的问题是，如何让一个人在忙忙碌碌之中保持从容自得、心性不乱？因为，人们在安静时容易做到心性不乱，但是一旦遇到事情和压力，就很容易失去方寸。只有在强大的生活压力下仍能保持安定和从容，才能真正做到不为外物所累，而如何做到这一点正是问题所在。程颢觉得他的问题很有意思，专门写了一篇文章回应，后来这篇文章就成为宋明理学史上广为流传的《定性书》。下面我们介绍一下程颢是如何回应张载的。

程颢认为，要真正做到不为物所累，关键是要提升我们做人的境界，开阔我们的心胸。如果我们的胸怀博大到足以容纳所有事物，自然就能够做到"静亦定，动亦定"。他认为，在日常生活中，我们之所以一遇事便乱，是因为人生的贪恋太多，这些贪恋把我们和外部世界区分甚至对立起来。区分、对立的结果，是对他人的评价和眼光过于敏感，心情时刻随外界的反应而波动。一旦遭遇挫折或失败，情绪立刻崩溃。这是我们心理承受能力差的充分体现。想索取时，心情受制于能不能得到；想出名时，心情受制于能否成名；急于求成时，情绪受制于功利的诱惑。在这种情况下，我们的心理承受能力能不差吗？试想想，如果我们在个人的利害得失上真的能放得开，情绪还会为外物所制吗？因此，如果思想上的问题不解决，比如心胸狭隘、人生贪恋多，等遇到问题时再想着如何"定性"，永远不能如愿以偿。真正的解决之道不是临时抱佛脚，"头痛医头、脚痛医脚"，而是要从根子上下手，解决思想上的问题。这需要我们看淡各种名利，摆脱贪恋的束缚，把自己和外部世界真正融为一体。所以他说：

> 天地之常，
>
> 以其心普万物而无心；
>
> 圣人之常，
>
> 以其情顺万物而无情。
>
> （程颢《定性书》）

这段话告诫人们要在有情之时忘情，在用心之时无心。什么意思呢？我们虽是有心、有情之物，但是不能受制于它们。这叫作以出世之心，做入世之事。唯此，我们的情才收放自如，我们的心才不为物累。你若能出入于有心、无心之间，悠游于有情、无情之际，从容自得，游刃有余，那就说明你已入化境，修养的功夫真正到家了。

《菜根谭》有云：

> 风来疏竹，
>
> 风过而竹不留声；
>
> 雁度寒潭，
>
> 雁去而潭不留影。
>
> 故君子事来而心始现，
>
> 事去而心随空。

这可以说是对程颢"定性"思想的最好解释，是何等崇高的人生境界啊！

现在我们再来看看心理衰竭的现代人。很多现代人把自己的全部价值寄托于功成名就之上，结果，一旦有朝一日事业遇到挫折，或可能遇到挫折，就容易感到前所未有的巨大心理压力。如果除了事业成就再也找不到什么别的人生寄托，当有一天发现抱负无法实现时，就会垂头丧气，精神处于崩溃的边缘。这说明许多现代人的精神寄托没有太多的东西，只有一样——功名。这难道不是鲜明地体现了现代人的肤浅和平庸吗？而这种肤浅和平庸，是由于传统的失落，引发了心灵的普遍空虚所致。古人会把这种精神状态归咎于"偏执"。用程颢"定性"的思想来理解，可以看作是由于用心、用情过度，结果反而受制于人情和物欲。从这里也可以看出，尽管你可以找出一百条理由来解释现代人心理衰竭的客观原因，但是从根本上讲，如果不是由于文化的堕落、修身智慧的丧失，心理衰竭的现象是否有可能大大减少？

孔子说："君子坦荡荡，小人长戚戚。"（《论语·述而》）寻常之人之所以"长戚戚"，难道不是因为心里想不开的东西太多了吗？"廓然而大公，物来而顺应"（程颢《定性书》），这确实不是常人所能做到的。你也许会说，我又不是雷锋，凭什么要我那么大公无私？建议你千万别这样误解，程颢所说的"大公"，是指我们能够不把狭隘的自我凌驾于外物，而是遵循事物应有的道理，这样可能发现自己的心境开阔多了，很多烦恼都没有了，情绪也不会再轻易地受到影响。这种"不以物喜，不以己悲"的境界，确实是千百年来许多士大夫所追求的人生理想。

悠闲镇定之士

事实证明，历史上真正有大作为的人，恰恰是那些"性定"之人。正所谓：

> 大烈鸿猷，
> 常出悠闲镇定之士，
> 不必忙忙；

休征景福，

多集宽洪长厚之家，

何须琐琐。

（《菜根谭》）

　　让我们一起来欣赏《菜根谭》中的这段话。"烈"，功业也；"鸿"，大也；"猷"，谋略也。诸葛亮的《隆中对》就是鸿猷，邓小平的改革开放思想也是鸿猷。"休"，美好之意；"征"，征兆也；"休征"，美好的征兆；"景"，大也；"景福"，很大的福气。那些成就巨大人生功业的人，不会像我们这样成天忙忙碌碌，疲于应付，而是活得悠闲自在。真正的有福之人，往往宽宏大量、朴实厚道，而不是在金钱利益上斤斤计较。这是在告诉我们，做人的境界高低决定了一个人一生成就的大小，以及获得什么样的福报。就好比说真正会打仗的人，往往不会亲自操刀上阵或百步穿杨。我们都知道诸葛亮善于谋略，但什么时候看到他亲自抄起刀与敌人搏斗？诸葛亮曾说关羽、张飞皆"万人敌"，他们的武功比诸葛亮强多了。但是一个武功比关、张差百倍的人，却能够指挥他们，成了百万人敌、千万人敌，让拥有百万精兵、千万人口的敌国为之胆寒。毛泽东的军事指挥才能我们都很佩服，但是你什么时候看到过他在战场上端枪亲自杀敌？"运筹于帷幄之中，决胜于千里之外"，靠的不是单打独斗的本领，而是过人的谋略、天才的眼光和伟人的胸襟。

　　东晋宰相谢安（320—385），其为人风范也许可以让我们更好地理解"大烈鸿猷，常出悠闲镇定之士，不必忙忙"这句话。谢安是东晋陈郡（今河南太康）人，曾为朝廷重臣王导等人看重，多次召他做官，他都婉言谢绝。他曾高卧在会稽的东山多年，与好友支道林、王羲之、许询、孙绰、李充等名士游山玩水，赋诗撰文，性情高旷。据说他曾与大书法家王羲之登冶城，"悠然远想，有高世之志"（《世说新语·言语第二》）。等谢安入朝为官，已经是四十多岁的人了。谢安为官后，阻止了桓温的篡位活动，指挥了著名的淝水之战，尤其是淝水之战使他留名千古。公元 383 年，统一了北方的前秦统治者苻坚率数十万大军南下，来势汹汹，意欲一举扫平南方，统一六合。谢安受命于危难之中，调遣八万北府精兵前往御敌。调遣完毕，谢安并没有亲自去前线督战，而是带着家人、朋友，到离建康城二十里的东山下棋。当前方捷报传来时，他只看了一眼就弃置一旁，继续下棋。客人忍不住问他："前方战事究竟怎么样了？"谢安轻描淡写地应声道："娃儿们打胜了。"说完继续下棋。可以设想，如果你是这场战役的总指挥，会有什么样的表现？你一定会明白，这是一场生死存亡的大战。一旦战败，就将是国破家亡，身败名裂，甚至身首异处。单凭这一点，就足以让你心惊胆战，甚至魂不附体。设想一下，如果你来指挥这场战役的话，你是不是面色凝重，双手靠背，在屋内紧张地踱步，不断打听前方消息，一次又一次派人向战场传话……哪儿还有心思下棋？难怪古人用这样的诗来赞赏谢安：

> 高卧东山四十年，
> 一堂丝竹败苻坚。
> 至今墩下潇潇雨，

犹唱当时奈何许。

（《谢公墩》。参钱仲联主编《清诗纪事明遗民卷》。）

为什么古人能活得那么潇洒超脱，在生死存亡的历史关头也能那么从容镇定？因为他们在追求事功的同时却又能超脱于事功之外。他们能跳出当下的思维框框，走到问题之外。常人心中的问题，在他们心中已不是问题。用古人的话说，这叫作能看到"事外之事"，能预料"身后之身"。中国历史上有很多这方面的典型。比如我们熟悉的张良（？—前186），他的谋略对于刘邦建立汉帝国起过决定性作用。张良原本为韩国公子，年轻时曾经为报仇而刺杀秦始皇，未遂后随赤松子游学，赤松子是道士。这种影响使得他在功成名就之后，能够拒绝高官厚禄，引身而退，脱身于西汉朝廷里的一切政治斗争，所以没有像韩信那样惨遭杀身之祸。读过《老子》《庄子》的人大概都知道，道家淡泊名利，主张"功成身退"。这不是因为他们盲目追求出世，而是因为他们认为，做一件事，追求一样东西，如果不能入乎其内又出乎其外，就容易偏执于眼前的利益和个人所得，使自己成为利益所得的奴隶，结果必然是忙忙碌碌，身心俱疲。为眼前利益而摧残自己身心的人，在道家看来，是鼠目寸光的表现。因此，道家并不是像一些人想象的那样，不切实际地追求出世。相反，历史上道家的入世人物很多，但是他们主张：入世之人，需要做到入乎事中，而又出乎事外。唯有如此，方能在生活中潇洒自在，在大事上从容镇定。其实，如果道家出世的话，那也是因为他们比一般人提前一步把有些事理看破了。有些人瞧不起道家的出世思想，殊不知他们在实际生活中为自己布置了许多心灵陷阱，看不清，想不开。在名利场上，他们就像陷进泥潭的驴子一样，终生打滚而不能自拔。他们真的有资格嘲笑道家的出世思想吗？

现在再回过头来看看开头所讲的心理调查，可以发现，我们确实是太"忙忙""琐琐"了。我们可能为一点鸡毛蒜皮的小事，与人争吵；为一点蝇头小利，费尽心机。我们对于个人的荣辱，总是牵挂于心，挥之不去；我们稍微受了一点委屈，就可能气急败坏，怨气冲天。有时我们与别人闹僵，仅因为虚荣心太强。一方面，我们不甘平庸，心比天高；另一方面，我们却又胸怀狭隘，心浮气躁。在很多重要场合，我们很容易情绪失去控制。我们达到了古人的境界了吗？"悠闲镇定之士"不是那么容易做的，它需要一个人对于自己性格弱点深刻了解，在为人处世上拎得起、放得下，游刃有余地驾驭自己人生的航船。

知止而后有定

跟古人相比，现代人在人生修养方面，显得特别缺乏"定力"。《大学》中有句名言，"知止而后有定"。据此，我可以说，现代人的一大问题是"不知止"。所谓"不知止"，意指欲望永无止境，心神永不安宁。人心不知道安分，即使在名利方面收获再大，仍然不会知足。当你欲望很高而生活又不能让你称心如意时，你的心理压力自然就很大。让我们从男女关系谈起。

20 世纪 80 年代我上大学的时候，中国正处于极度崇尚西方文化的阶段，在男女关系上表现得尤其如此。大家认为西方人在两性关系上自由开放，无拘无束，这也是西方社会比我们进步的一大证据。于是在全社会形成了不可阻挡的、学习西方人生活方式的潮流。但是有趣的是，等我后来到了美国，十分惊讶地发现，美国人在日常生活里并没有像我们的年轻人这样对性充满了好奇和冲动。他们的社会在这个问题上比中国目前平静得多。虽然据说美国的离婚率很高，但是我倾向于认为这是他们的文化价值观念决定了的，与他们对生活方式的理解有关，而不是像我们所想象的那样，出于对性的好奇和冲动。但是，当这个行为方式被中国人从人欲解放的角度来理解的时候，一切都"变味"了。我曾经遇到一位美国白人教授，在一次相当真诚、深入的聊天中，他向我透露了一些个人婚姻和家庭生活故事。这位教授说，他跟他妻子结婚几十年了，养了两个女儿。但是曾经在很长时间里，他和他爱人之间矛盾、冲突都非常激烈。但是，由于个人信仰的缘故（他所信教派反对离婚），他在任何情况下都不可能考虑离婚。由于没有别的选择，唯一的出路只有去适应了。于是他不得不去学着改变自己，以巨大的毅力去忍耐、适应并关爱对方。他强调，这真是一个极其痛苦的过程，非常艰难。正因为不能由着自己的性子去离婚，所以不得不痛下决心改造自己。过程虽然痛苦，但也正是在痛苦中成长了起来，认识到做人的责任，对于生命价值的理解也获得了提升。走过了这段路，现在他觉得非常幸福。这位教授由于信仰的力量，懂得了在夫妻关系上"止于何处"，这是不是他的婚姻成功秘诀呢？

这位教授的话使我重新思考一个问题，即今天的中国男男女女诸多感情问题的根源在哪里？是不是与他们在人生欲望上不知当"止于何处"有关呢？这种观念给无数男女感情的质量、婚姻的稳定性带来了多么严重的后果！有谁正视过这一问题？在我们的现实生活中，有多少错误的婚姻，是由于双方的不成熟而造成？有多少感情的磨难和相互伤害，是由于不应有的欲望而导致？有多少夫妻之间的矛盾，是由于自私、贪心、虚荣、以自我为中心或者自作聪明而产生的？我们可能会用一些冠冕堂皇的理论为自己的一些行为开脱，但生活毕竟是无情的，它会一次又一次地让我们为自己的无知付出代价。一个人在两性关系上采取什么样的方式，完全是个人的行为，很多看似越轨的行为也许不能简单地用道德标准来评判。但是，这并不意味着每个人都知道如何恰当地处理自己的感情问题，也更不是每个人都懂得把两性关系（包括各种可能的关系）当作一门修身养性的学问来对待，从而给自己带来持久的幸福。今天有的人在男女关系和婚姻态度上处于极度混乱和不稳定的状态，他们的内心世界普遍只追求一时的感觉，即所谓"跟着感觉走"。"知止而后有定"，问题是不是在于我们不知道如何在感情生活中正确、恰当地定位自己？

宁吾真体，养吾圆机

一篇专门分析英年早逝的采访报道指出：

当前，我国社会正面临着转型时期，人们思想浮躁，心情烦躁，工作急躁，整个社会处于阴虚阳亢状态，反映到人的生物体内，必然导致神经和脏器功能失调，引发一系列生活方式疾病。……中年压力，各有不同。有因重任在肩，出于高度责任心的；有因学术研究，出于执着事业心的；有因利益驱动，出于利欲熏心的；还有纯粹因无知死于无心的。无论如何，结局都是一样：失去了健康，错错错！失去了生命，痛痛痛！ [1]

有一段时间我喜欢在网上下围棋。初衷是把下棋仅仅当作工作之余的放松和娱乐，但是下着下着，就沉迷于其中而不能自拔，为了与对手争胜负，有时长时间不肯结束"战斗"。这样就从最初的放松娱乐，变成了旷日持久的疲劳战。另外，我下棋时有一个特点，就是喜欢跟人较劲。人家走了一个子，我往往会迫不及待地反击，有时人家刚落子我就出手了。结果是下棋时控制不了自己的情绪，反而被对手牵着鼻子走。后来被人家吃了一大片，我要求悔棋人家偏不干，真是后悔不迭。这样发现自己下了好久围棋，水平也没有真正提高。我后来想，高手下棋是不会被别人牵着鼻子走的，更不应该让下棋从轻松的娱乐活动变成了有损身心健康的"上瘾"。于是，我给自己定下几条原则：

第一，不要急于落子，一定要先看清别人的意图再落子；

第二，每落一步子之前，要考虑自己的整体布局；

第三，每落一步子之前，要想清该子在若干步内对局部和全局所带来的影响。

---

[1] 杨步月. 漠视健康和生命，是英年早逝的主因 [N]. 新华每日电讯，2005-09-01.

按照这几个原则，可以发现自己胜多负少。最大的问题还是，不能保证自己在任何时候都能严格遵守这三个原则。这是因为要改变一种旧习惯，建立一种新习惯，是非常难的。于是我给自己定了另一个更高的原则，即：不要在自己情绪烦乱、头脑不清醒的时候下棋；任何时候不要为了争夺胜负而下棋；努力在下棋时做到身心愉悦，即一定要带着闲情逸致来下棋，把下棋当成一种享受，千方百计避免耗费精力和时间的疲劳战，一旦发现这种倾向立即打住；如果做不到这几点，宁可选择观棋而不是下棋，以免损耗精神。结果我发现，下棋是可以培养人的自制力的。如果一个人能够在下棋方面培养自制力，在其他方面自制力也会增强。此外，下棋确实可能变成一种培养涵养、陶冶性情的活动，只是我们平时不往这方面想，才会过分看重胜负，结果演变成有损身心健康的疲劳战。

不仅下棋可以变成一种养生活动，其他很多活动，包括我们平时做的很多日常工作，都可以变成养生活动。遗憾的是，现代人由于文化的堕落，早已习惯于从功利需要的角度来理解活动的价值，把一切活动都当成完成某个功利目标的手段。按照《菜根谭》的思想，既要"宁吾真体"，又要"养吾圆机"。什么意思呢？所谓"真体"，代表我们的真实本性。学会在热闹中求得宁静，在宁静中把握自己的本性，这就叫作"宁吾真体"。但是仅有"宁吾真体"是不够的。"宁吾真体"的最终目的还是为了回到现实中去，在现实生活中、针对不同的事务灵活地把握自己。因为毕竟我们不可能完全逃避现实，像道士那样在深山老林中过着与世隔绝的生活。如何学会在现实生活中培养自己的心性，就是一个"养吾圆机"的问题。所谓"圆机",是指能够针对不同的环境场合和不同的事务来调整自己、保持自己心性不乱的能力。"圆"是圆润,指灵活而不刻板;"机"指随机应变的能力。如果说"宁吾真体"指闹中取静,那么"养吾圆机"则指能够针对各自复杂的事情来调整心理、磨炼性格,从而培养自己适应不同环境的能力,在琐务和繁忙中心性不乱。朱熹、王阳明等人常讲要"在事上磨",这和"养吾圆机"的含义是一样的,其理想都是回到此世而不是彼岸,入世间而不是出世外,达到面对压力、事务和不测而能"发而皆中节",逐渐做到"从心所欲,不逾矩"(《论语》)。

通过下棋来改变自己的性格,可以说是一种典型的"在事上磨"的过程。如果能够在下棋时非常好地把握和节制自己,我们可能发现自己在其他事情上的自制力也增强了;如果我们在各种事情上都能培养心性,达到运用自如的地步,就是"养吾圆机",也是在不断接近孔子所讲的"从心所欲,不逾矩"。"宁吾真体""养吾圆机",这八个字听起来有点道家思想的味道,难道不是包含着深刻的哲理吗?尤其是"养吾圆机"这四个字,是很值得玩味的。

宠辱不惊,去留无意

我自己在青春年少的时候,是个非常心高气傲的人。那时我正上大学,对中国古代文化缺乏基本修养,也完全瞧不上。后来随着年龄渐长，生活中的挫折，以及人情的冷暖、世态的炎凉等使我感到有必要回归国学来寻找精神的寄托。有一次，我在一本古人的书中读到一段话，大意是：财、色、名、位四者，古往今来，很少有人能看得破；放眼天下，那些形形色色、无以数计的人，无论是伟大还是渺小，几乎都逃不出这四个字的"魔掌"；总之，这四个字是无数人一生烦恼的根源。我当时有些不服气，反复想了想自己所有重要的欲望，是否能找到一个出乎其外的？结果发现，自己所有的欲望，几乎都逃不出这四个字的范畴。这还真叫我有些惊讶。现在我们也不妨再分析一下，我们这一生，真的可以不追求财、色、名、位这四者吗？

首先，"财"，即财富。包括我们今天所谓加工资、捞外快、拿稿费、做生意、炒股票、买基金、买房子等，皆为求财也。人生在世真正不求财的人很少很少。所谓"人为财死，鸟为食亡"嘛。我们为一个"财"字付出了多少心血啊！

其次，"色"，可以广义地理解为两性关系或感情。无论是男人还是女人，恐怕这都是他们终身无法回避的重要问题。在很多人看来，感情问题，同时涉及恋爱、婚姻甚至性欲方面的问题。现今的社会离婚率很高，感情问题成为困扰无数人特别是年轻人的大问题。我们在青春期开始以后的漫长岁月里，为情欲、性、感情、婚姻等经历了多少麻烦、痛苦甚至焦虑啊！我们从小到大都没有学习过一门如何面对异性、如何谈恋爱、如何建立美满感情生活的功课；从家长到老师，在这个问题上都没有给许多人太多有益的启发，这导致我们长大后在这方面犯了很多错误，走了很多弯路。与此同时，我们做人方面的许多性格缺点，都在这一过程中暴露出来，有可能伤害到别人，也伤害了自己。

其三，"名"。这里的"名"，绝不限于媒体上所讲的"名人"，而包括一切想出名的心理。例如，你在家乡出了名，在同学朋友师长面前有面子，在某行业成名，在某个圈内有名，凡此种种，莫不是求名之心；又比如，有些人个性要强，死要面子，唯恐人前被人笑话，事事处处都要争取不比别人差，这是在乎自己的名声的心理，同样与"名"有关。我们不是每天都在梦想功成名就吗？我们希望自己这一辈子过得轰轰烈烈、大有作为，潜意识中有多少成分不是为了个人名利呢？当然，有些人并不太追求有名，但是他不可能不在乎自己在他人心目中的名声吧？

其四，"位"。职位，职称，职务，地位，身份……凡此种种，皆位也。位的问题，是与名、与利（财）同时联系在一起的，或者说，求位之人，多半是为了得到名、利甚至色方面的好处。因此，这一项几乎可以看成为前三项服务的。但由于"位"对于名、利和色的目标太重要了，也可以把它当成一个独立项目。

请问读者，你人生的最大欲望，是否能超出财、色、名、位这四个字的范围？它们是否构成了你一生的大部分追求？也许正因为我们都孜孜不倦地追求它们，所以与此同时，它们也成为我们一生烦恼的主要源泉。现在最常见的英年早逝现象，有多少与对财、色、名、位的追求无关呢？一位健康教育专家说，中年人最大的特点是爱名、爱利、爱攀比，最大的缺点是不懂得爱自己和家人，结果导致对健康和生命的漠视。[1]但是，在现实生活中，谁又能说自己可以完全拒绝这四样东西呢？儒家并不主张拒绝情色，更不否定名利，而是要人们学会如何恰当地对待它们，因为处理不好的话，有可能伤害到自己。就好比食物一样，没有人能不吃不喝，但是这不等于我们可以暴饮暴食。与此同样的道理，我们也许拒绝不了财、色、名、位四者，但是如何恰当地处理好自己在这方面的需求，才是避免不必要的精神烦恼和心理问题的关键。

古人云：

> 宠辱不惊，
> 闲看庭前花开花落；
> 去留无意，
> 漫随天外云卷云舒。
>
> （《小窗幽记》）

意思是，一个人的心境达到了这样的地步，自己的喜怒哀乐不会因为别人而改变，无论别人喜欢不喜欢自己，无论什么样的宠辱遭遇，都不能改变自己心境的平衡。这是因为他能够悠闲从容地看待名利财色，就像欣赏窗外的花草一样。人生在世，如果能够达到这样的境界，自然不会被内心深处的紧张和焦虑折磨；无论发生了什么样的风波，都能够以从容平淡的心境去面对。从这里我们可以发现中国古代学者在精神上的终极关怀是什么。今

---

[1] 杨步月. 漠视健康和生命，是英年早逝的主因 [N]. 新华每日电讯，2005-09-01.

天的人常谈论信仰失落的问题，很多人认识到信仰失落已成为当下中国人心灵世界的一大问题。儒家在这个问题上的态度是，信仰不是指在我们的性命之外人为地树立一个东西，作为信仰的对象。而是针对当下的生活来培养自己的身心状态、心理感受，特别是对生命意义的体验。把信仰外在化、客观化，不是中国文化对待信仰的固有态度。如果你硬要问人生的终极理想是什么？那么可以说，《小窗幽记》上的这段话，就代表了中国式的人生终极关怀，是中国人对人生最高理想的理解。它的特点是：追求一种超脱、潇洒的生活方式，一种淡泊名利的人生境界，也是一种精神无限自由和幸福的人生体验。由此看来，现代人的许多烦恼和精神疾病都是人为的，是人生的修养和境界不够所致。

　　我曾经听过一位日本企业家的讲座，他主要回忆了自己修禅的经历。一个偶然的原因使他决定到禅房去体验生活，生命的奇迹也由此开始。他说，从他第一次踏进禅房时起，就感到进入了一个完全不同的世界，一种特殊的氛围让他一下忘却了人生的全部烦恼，就像抖落了浑身的尘土一样无比轻松，在无限的静谧安宁中体验到生命的自由。他认识到世俗生活的鄙俗，感受到前所未有的放松和喜悦。在他修到第七天的时候，有生以来第一次听到自己走在大地上那清脆悦耳的脚步声，仿佛声音是从大地的另一端发出的。他发现，多年来，他从未像现在这样清醒地生活过，从未像现在这样感受到生命的幸福和意义。这真是生命的再生！从此他每个月都要抽若干天到禅房修禅，有时要修一个星期左右。这次讲座给我很大触动。当然，我们不可能都进入世外桃源，一年四季待在禅房里。关键在于，修禅的经历为什么能让这个企业家有如此巨大的改变？这是因为在平时的生活里，人们通常都沉浸在物欲和事务中不能自拔，没有时间也没有心情真正安静下来，好好面对自己，更不会超脱自己，即所谓驴子打滚的状态。通过换一个环境，就能冷静地面对自己和超脱自己。但是仅仅靠在禅房里打坐是不足以改变自己的，只要他还要回到现实生活中，还要经营自己的企业，就不得不仍然面对很多问题。真正的解决之道还在于见识的提高，以及"在事上磨"的功夫。如果说入禅房是"宁吾真体"的话，还需要回到现实生活中来"养吾圆机"。

第五讲　治　心

学问之道无他，

求其放心而已矣。

——《孟子·告子》

不能轻一轻富贵之心

据统计，最近十年中冠心病死亡率在我国有了明显的升高。一些导致猝死的疾病，过去一直是老年人的"专利"，如今蔓延到中、青年人身上。有人指出，现在，在中、青年人中"流行"一种"代谢综合征"，这种综合征的病症包括很多因素：高血压、高血脂、糖尿病、肥胖、吸烟、尿酸高、体力活动少、有心血管病家族史等。而导致这些病症及猝死的原因有过度疲劳、心理压力大及生活方式紊乱等三大因素。[1]比如，在公司上班的白领经常熬夜，媒体工作者休息时间过少、饮食没规律，司机长时间不活动、出现肥胖等，这些人经常会出现过度疲劳、情绪激动、电解质紊乱、高度紧张等情况，是引起高血压、高血脂等"代谢综合征"的重要原因。[2]专家指出，现在不少中、青年人长期生活无规律，心理承受巨大的压力，久之心、肝、肾等人体主要器官出现功能障碍，严重的可导致猝死。[3]

---

〔1〕黄显斌. 珍爱生命，警惕"过劳"[N]. 人民日报，2005-08-25.
〔2〕齐鸣. 猝死事件频频发生，急死综合征正逼近青壮年[N]. 卫生与生活报，2004-11-01.
〔3〕李亚男. 猝死：心理压力大是主因[N]. 新疆日报，2005-02-03.

为什么现代人普遍感到心理压力太大呢？这不仅与外部环境、特别是流行风气有关，也与心理素质有关。并不仅仅是身累，真正严重的是心累。以演艺界为例，某报文章指出："身在演艺圈里的人们，其压力比普通人要大得多：圈内知名度的竞争，受观众的喜爱程度，想出人头地或建功立业的愿望，和剧烈的社会竞争形势之间形成的差异，给艺人带来极大的心理压力。而其工作性质又决定了他们生活不规律，体力严重'透支'。"文章提醒："明星、艺人要想摆脱心理危机，就要调整心态，学会给自己减压。特别对于那些正值中年的大腕儿来说，身体正处于一个临界点，更要学会调节。"[1]

另一个帮助我们理解过劳导致猝死现象的角度，就是现在流行的"精英症"，它正引起不少人的关注。所谓"精英症"，是指那些在各行各业取得了杰出成就的精英人物，精神普遍遭受了严重的困扰。"精英症"的实质或许可以用两个字来概括——心累。精英们表面上是自己领域的"红人"，受到众人的羡慕和追捧，但是实际上他们在精神上承受了常人难以想象的巨大压力，心理长期处于亚健康状态。一种不甘人下的心理像蝎子一样日夜撕咬着精英们的心灵，使他们心力交瘁。精英们通常给人们的印象是具有强烈的责任感，做事认真、踏实，肯付出；但是人们通常不容易注意到，他们的所有责任感又与他们过于要强、过于注重自己的社会地位和公众形象有关。下面几段话是我从一篇报道中摘录的对精英人物心理的一种描述：

---

〔1〕蒋林. 张颖. 崔青库. 高秀敏猝死再敲警钟，明星应给自己释压 [N]. 北京青年报，2005-05-20.

要始终保持一种姿态：最好的，最好的，永远都是最好的。这是精英永远的姿势。强大的社会关注度是一种推动力，也是一种压力。

很多精英的特殊角色意识常常要告诉他，他总比别人强，别人能出错，他不能；别人能生病，他从来都不生病。这样绷着绷着，最后就断了。

在很多精英看来，社会有一只无形的手，一把看不见的尺子，在推动着，在衡量着。你获得什么样的地位，就获得什么样的压力，获得什么样的焦虑。

不肯放弃，不肯降低标准，最后的结果是导致自己痛苦。这就是精英的痛苦，所不同的是有的人在痛苦中麻木，有的人在痛苦中发疯。[1]

现代人生活条件越来越好了，事业越做越大了，但是看看他们的心都由什么样的东西主宰着，就知道为什么他们在精神和身体上出现了那么多问题了。该醒醒了！

能轻富贵，

不能轻一轻富贵之心；

能重名义，

又复重一重名义之念。

《菜根谭》上的这段话是分析人们的要强心理。一个人可能表现得非常不在乎金钱和地位，但是与此同时，他也非常在乎"他

〔1〕南香红, 师欣. 精英症[N]. 南方周末, 2005-05-05.

具有不在乎金钱、地位的特殊优点"这一事实；一个人可能表现得非常重义气、重名节，但是与此同时，他又非常在乎"他具有重义气、重名节的特异品质"这一事实。这是人心中最微妙复杂的东西，也最不易被自己察觉和清除。

心安茅屋稳，性定菜根香

《明心宝鉴》里有一段话：

> 心安茅屋稳，
> 性定菜根香。
> 世事静方见，
> 人情淡始长。

正因为心不安，所以不会有"稳"的感觉；正因为欲望太强，所以不可能安贫乐道，无法过古人那种咀嚼菜根却能津津有味的生活。"性定菜根香"，性不定，当然不会觉得菜根香。"世事静方见，人情淡始长"，这是说只有真正安静下来，用心去体会，才会明白人事的奥妙。我们不禁要问：像机器零件一样随着时代的车轮被动旋转，在忙碌之中茫然度过一生，没有平静、没有自我，这就是现代化所带给我们的伟大成果吗？只想着金钱利益，没想过安贫乐道；只想着功成名就，没想过默默无闻。不是没有名利我们就过不好，而是我们认为没有名利就过不好。所以我们不能体会平淡自然而其味无穷、清贫朴素却宁静安逸的生活。

　　一位朋友从韩国回来，说起韩国的企业，他告诉我韩国的私营企业内部等级较严，论资排辈严重。所以一般的大学毕业生都要及时到公司上班，为自己积累资历。与此同时，不少韩国企业内部管理得井然有序，效率很高。他说韩国的大公司一般都不会解雇员工，但这并不等于在里面工作就很轻松。员工需要把公司当家一样来爱护，否则也不是那么好"混"的。因此，明明公司规定9点上班，多数人可能8点就到了；下班时间可能是5点，但是通常情况下也得把手头的事情做完了再走，不能急着离开。这种自觉地放弃"自由"的现象，不是西方人所能理解的。相比之下，在我国，自从改革开放以来，知识分子曾一度下海成风，个个都想跳槽，人人想当老板，少有人愿意给大企业打一辈子工。正因为人人都不愿受人支配，许多新成立的公司、企业，尚未进入持续的良性循环状态就过早倒闭。股份合作制企业，也往往合作不了多久，就各自解散，分道扬镳。另一个中国特有的现象是，在市场经济实行不长的情况下，人们并不知道什么是恰当的商业行为规范。坑蒙欺诈行为十分普遍，人们争相以钱多为荣，而不是以合乎道德为荣。有人说，这是由于长期以来我们把资本主义市场经济描绘成一幅"贪得无厌、唯利是图、毫无廉耻"的图画，结果，当我们有一天也搞起市场经济时，人们自然贪得无厌、唯利是图和没有廉耻，而不知道还有义利之辨了，更不知道商人、企业家也需要有职业的神圣感和个人的尊严。正因为现在大家都已经唯利是图，加上竞争异常激烈，甚至你死我活，心理压力怎么可能不大呢？如果我们改变一下对市场经济的片面看法，也许会发现在一些市场经济发育较成熟的社会里，人们在同样的竞争环境中心理压力可能比我们小得多。

儒家的修身学问从来不要人们拒绝名利，而是要我们学会如何正确面对名利，掌握好分寸。孔子就说过，"饮食男女，人之大欲存焉"（《礼记·礼运》），还说过"君子疾没世而名不称焉"（《论语·卫灵公》）。孟子也认为人们求利是正常的，只有在"二者不可得兼"的时候才需要在义、利之间做出选择。先秦儒家多明确主张礼乐制度要合乎人心、顺乎人情，《礼记》中多次把人情比作田地，说礼要在人情之田上培植，提倡"缘人情而制礼"。很多人误以为宋明以来儒家提倡"存天理，灭人欲"，是要人们舍弃一切正常的生理欲望，这完全是误解。只要读过他们的书，就知道他们根本不是那个意思。具体说来，他们把"人欲"界定为那些超出正常限度的欲望或自私自利的欲望。比如宋代学者谢良佐曾以"孺子将入于井"为例来说明什么是"天理"、什么是"人欲"。一个人过路时看见一个小孩即将落入井中，而将小孩救起，如果他这样做是出于良心的自然发现，就是"天理"；如果是为了讨好小孩的父母兄弟，或为了博取他人的好感，或因为他不想听小孩的哭声等，就是"人欲"（《上蔡语录》卷一）。朱熹曾以饮食为例来说明什么是"存天理、灭人欲"，指出："饮食者，天理也；要求美味，人欲也。"（《朱子全书》卷四）据此，孔子说自己"七十而从心所欲，不逾矩"（《论语·为政》），并不是说自己没有欲望了，而是说经过多年的修炼，他的人生欲望已经达到"发而皆中节"的地步。

身不宜忙，

　　而忙于闲暇之时，

　　亦可傲惕惰气；

　　心不可放，

　　而放于收摄之后，

　　亦可鼓畅天机。

　　这段话同样出自《菜根谭》。它讲的是如何处理身的忙与闲，以及心的收与放的关系问题。与其为名利而牺牲身体、劳耗精神，不如静下心来做些自己真正喜欢的事；与其为了自己在他人心目中的形象和地位而殚精竭虑、心力交瘁，不如放弃身外之物，安贫乐道，陶醉于物我两忘的精神幸福之中。因此，人生要想求得最大的幸福，就应该追求内心的悠闲、自在。所谓"忙于闲暇"，指即使忙，也要带着一份悠闲的心情。所谓"心不可放"，指不可把心沉没于追名逐利之中，"放"是迷失的意思。

求其放心而已矣

　　你也许会说，古人所讲的看淡名利、物我两忘，根本不适合今天的社会。因为今天我们面临的竞争之激烈是前所未有的，稍有不慎，就可能永远失去在社会上立足的机会。这个社会太残酷了，我们没法悠闲。

　　真是这样的吗？

　　首先，我想强调一点：古代人，特别是当时的精英人物与我们想象的不同，生存压力同样十分巨大，甚至超过了我们。例如，根据美国哈佛大学宋史专家包弼德的估算[1]，宋代的科举考试，每年能考取的人数只占考生人数的 1% 左右，而录取为进士的人数只占考生总人数的千分之一左右。这个比率，比起我们现在高考的录取率要低得多了（据查，2007 年各省市高考录取率：北京 73.59%，重庆 69.55%，新疆 56.6%，湖南 54.9%，甘肃 40.4%⋯⋯）。联系到当时物资匮乏、生活艰辛、医疗条件落后、平均寿命短，科考录取对人一生命运的改变之大，可以设想当时受教育的人之间的竞争应该比我们今天激烈得多才是。

再比如在公共领域，古代受教育者所承受的压力或面对的竞争之激烈，还可以从其他一些事实中反映出来：古代的帝王可以随时剥夺一个人的职位或处死一个士大夫；官场的钩心斗角、地方势力（多半带武装力量）、黑社会（江湖势力）等均可能随时夺走一个人的性命；有理想、有抱负的士大夫，多半仕途坎坷，甚至其中不少人被流放，最终客死他乡，这类人包括我们熟悉的李白、杜甫、范仲淹、程颐、苏东坡、欧阳修、白居易、王阳明⋯⋯有趣的是，从他们的作品和生平事迹可以看出，他们在人生失意时虽有强烈的感伤，但是并没有丧失人生的志气，更没有失去对社会的责任感和使命感。与此相反，他们有的兢兢业业，造福于一方，留下了许多佳话；有的寄情于山水，抒发人生的感慨，写下不朽的名篇；有的发愤图强，韬光养晦，完成了人生境

---

〔1〕包弼德. 唐宋巨大历史变迁的现代意义：对 nation 观念的重新思考 [EB/OL]. (2001-06-06). http://www.aisixiang.com/data/2293-3.html.

界的巨大升华，为日后的更大发展奠定了基础。像范仲淹这样的大臣在被贬谪期间居然能写出"先天下之忧而忧，后天下之乐而乐"的话，而他"不以物喜，不以己悲"的名言更是反映了仕途坎坷时内心深处对自己的安顿，有了这种安顿，自然不大可能出现职业枯竭或心理衰竭。

当然，古代受教育者人数占总人口的比例比今天小得多，但是这并不意味着在受教育者之间不存在类似于我们今天所看到的由机会少所带来的激烈竞争。如果按照包弼德的估算，南宋时期每年有大约45万人参加科考。如果是真的话，那么当时全中国受教育者的总数应当不低于百万，这可不是个小数字。因此，我更倾向于认为，任何社会都有巨大的生存压力和激烈的竞争，而不同时代、不同文化修养的人面对同样的压力和竞争的心态和处理方式则有可能不同。

读过《菜根谭》的人都知道，该书并没有要人们脱离尘世，去过世外桃源的生活，而是要我们学会如何面对世事，如何在世事中把握好心性，做到忙而不乱。也就是说，只有能够以悠闲、超脱的心境来做事，才会有真正的功业。《菜根谭》并不反对人们有所作为，而是试图揭示怎样以最恰当的方式追求事功，以及如何让事功真正朝着有益于身心健康和生命意义的方向走。

其次，让我们分析一下为什么会心累？前面说过，身忙并不一定意味着心累。是心中的牵挂太多，或者说一些不必要的贪恋支配着我们的心灵，才使心那么累。许多心理问题，仔细想一想，都是因为自己想不开所致。所谓想不开，就是沉浸于世俗生活的欲望或压力之中不能自拔，古人称这种状况为丧失了"本心"，因此提出做学问的主要目标在于找回自己的"本心"，用孟子的话来说就是"求放心"。

仔细想想可以发现，只要你愿意，在人生所有的阶段你都有足够的理由使自己的心沉浸在物欲之累中。在学生时代，家长教育我们：这可是人生最关键的时候啊，将决定你一辈子的前程；稍有不慎，这一辈子可就完了。大学毕业了，你又会发现现在才是人生最关键的时候，因为刚处在事业起步阶段，一步走错、满盘皆输，至少要走很多弯路。等到了中年，你又会觉得中年才是人生最关键的时候，因为它是人生唯一一个年富力强、大显身手的时期，是事业的高峰期，决定一生成就的大小与事业的成败。过了中年，你也许会发现中年以后才是人生最关键的时期，因为你这一辈子能有多大造化完全取决于这个时期。过了这个阶段，恐怕想拼也来不及了。因此事业、家庭、子女、健康等问题，无一不令你焦虑不安。到了老年，你更有理由认为老年才是你人生最重要的时期，因为这是人生最后的光景。想到老天爷可能随时夺走你的生命，你有理由认为，没有比这个时期更重要、更值得珍惜的了。当然，与此同时，你的焦虑恰恰也可能最深刻。一方面，你深知自己的能力有限，难以再改变什么；另一方面，又非常不甘心，这使得你把大量的时间和精力用于担心、焦虑、苦恼等之上。同时，老年人还可能有这样一种想法：在生命的最后阶段，无论如何希望自己还能再最后一搏，哪怕有一线希望、一丝机会也不想放过。有谁愿意轻易地撒手离去呢？所以你渴望机会的来临，渴望最后的辉煌！但是命运往往是无情的，于是你心中更加忧愁、更加痛苦，这时候又有谁能理解你呢？因此，在人生所有的阶段，我们都有足够的理由说现在才是人生最重要或最关键的时候，只要我们选择心忧的话，就永远忧不完，直到老、到死。

可能正由于上述原因，我们一生都忙得不可开交。当你是中学生的时候，最重要的事情就是考上一所理想的大学；考上大学后，最重要的事情就是找份好工作，或者出国、考研；找到工作了，最重要的事情是如何升迁、如何在事业上大展宏图，还可能包括谈恋爱、找对象、成家、买房子、生孩子；等成家之后，人生最大的任务就是把孩子抚养成人，还有让工作更顺利、事业更发达、钱赚得更多、生意做得更红火等；等到把孩子养大并走向社会了，人生最大的事情包括帮孩子成家立业、创造美好的前途。这时你也可能发现健康已成为你最大的隐忧，也可能担心孩子的性格等诸多爱莫能助的问题。

其实，问题的关键并不在于事情多、压力大，而在于会不会调整自己的心态。我们提到过，古人的生活压力并不比我们小，特别是古代受过教育的人们，他们的性命之虞、前途之忧绝对不亚于我们。但是修身之学、养生之道，难道不正是他们在那种艰困条件下，才提出来的对症之药吗？因此，对于遭遇了同样问题的现代人来说，没有理由认为这些学问过时了。孟子曰：

> 人有鸡犬放，
> 则知求之；
> 有放心，

而不知求。

学问之道无他，

求其放心而已矣。

（《孟子·告子》）

这就是《孟子》的"求放心"名言。"放心"，就是迷失了的心，或者说心丢了。孟子的意思是，假如你家里的鸡犬丢了，你会迫不及待地把它找回来，但是生活中有比鸡和犬贵重万倍的东西早就已经丢失了，我们却从来没有去寻找它。想一想，如果你突然发现自己的钱包没了，或手机丢了，你会不会着急？你也许会迫不及待地想把它找到，甚至急得像热锅上的蚂蚁。根据《孟子》，有比钱包和手机贵重一万倍、甚至不止一万倍的东西，早已丢了不知多少年了，可是我们从来也没有想到过把它找回来。这个东西就是你的心。毫无疑问，我们不会否认我们的心比钱包、手机贵重万倍以上。一个钱包的丢失可以让你成为热锅上的蚂蚁，一颗心丢失了却泰然自若，是不是你的不是呢？

所以，孟子最后的结论就是"学问之道无他，求其放心而已矣"。他所说的"学问"，不同于我们今天所说的数理化这类在学校学习的科目，而是指做人的学问。做这种学问需要针对我们最重要的东西——"心"，要把丢失的心找回来，好好地呵护它、爱惜它，让它向好的方向发展。做这种学问并不限于在学校，而体现在日常生活和工作中，体现在每一个可能的时刻。

只是一点方寸之心……

明人吕坤说："只是一点方寸之心千过万罪，禽兽不如……"（《呻吟语》）人体浑身上下，从五脏六腑到耳目口鼻，从经脉血管到四肢百骸，从毛发甲爪到衣裳冠履，都没有丝毫罪过，都与尧舜等圣贤的一模一样。如果说我们犯了什么错误的话，问题一定不是出在身体器官上，而是出在我们的一颗心上；如果我们与尧舜有什么区别的话，那也绝不会体现在身体器官上，而只能出在心上。因此千百年来，圣贤们所做的全部工作，其实归根结底只有一件事，那就是治心。

心是需要治的。古人认为"人心"通常都不是生来就完美无缺，都需要治理，绝不能顺其自然，"跟着感觉走"。吕坤曾说自己"用三十年心力，除一个'伪'字不得"（《呻吟语》）。可见他在治心方面所下的功夫有多深。根据前面那段话，"治心"应当是每个人人生的头等大事。我们发现，现代人和古人的最大区别之一，就是现代人从不把"治心"当一件重要的事情去做。

用吕坤的观点来衡量所谓的"精英症"，可以发现，现代人的许多病根子恰恰都出在不"治心"之上。现代人每天将主要精力花在事业、前途、人际关系、金钱乃至享乐上面，可能连片刻的心思也不放在"治心"上。按照吕坤的理论，这叫作舍本逐末。本来对人生来说最重要的事情，却不去过问，结果必然要受到惩罚。什么样的惩罚？心不"治"，心理疾病就会日益严重。症状轻一点的表现为心理压力大、精神过度紧张；症状重一点的表现为身体健康出现种种问题，疾病缠身。有人说，我们正从"东亚病夫"变成"东亚药夫"。更严重的表现当然是身患各种各样的癌症，还有可能导致猝死的心脏病或心脑血管疾病，等等。我丝毫无意批评那些英年早逝的精英，而只想恳请大家注意一个事实：即使从医学理论的角度看，癌症、冠心病等一类病症的发生，也与当事人的心态有很大关系。某报的一篇文章在分析了心肌梗死的病理原因后，这样呼吁人们：

> 放松精神，愉快生活，保持心境平和，对任何事情要能泰然处之。参加适当的体育活动，但应避免竞争激烈的比赛，即使比赛，也应以锻炼身体、增加乐趣为目的，不以输赢论高低。[1]

类似这样从医学角度向社会发出的呼吁已经不胜枚举。这类呼吁可以用古人的一个词来概括，那就是——治心。

例如，"精英症"的产生除了与精英的角色意识有关外，还与今日到处盛行的急功近利情绪有关。正如一位作者所说："如果一个社会不那么急功近利，不那么鼓动欲望的话，它就能允许一个人花20年、30年时间去获得成功，而现在却仅仅给年轻人5年、7年的时间。"[2]这种急功近利的情绪,难道不正是我们这个时代的人们需要克制的一大心病吗？在今天急功近利固然是一种社会风气，让一个人不跟风似乎很难。但是考虑到这个心病对于生命的影响如此之大，任何人都有理由出于珍惜生命的目的而不去选择急功近利。当然，精英的角色意识，以及他们的要强心理，毫无

---

〔1〕浦昭和. 从高秀敏之死谈"无症状心肌梗死"[N]. 中国中医药报, 2005-09-02.
〔2〕南香红, 师欣. 精英症[N]. 南方周末, 2005-05-05.

疑问同样是需要治疗的心病。

再比如，前面我们说，在人生不同阶段我们总有理由忙，本身也说明了是我们自己给自己添加了精神枷锁，许多心理包袱完全是人为的。所以从根本上讲也还是一个心病的问题。

因此，需要重视古人的治心理论。

了心自了事

先轸是春秋时期晋国有名的卿大夫。鲁僖公三十三年（前627），晋文公重耳去世的消息传出后，秦穆公由于忌妒晋国的霸业，不顾同盟协定，派大军越过晋国偷袭郑国。在晋国三军（上、中、下三军）主帅先轸的精心谋划下，秦军几乎全军覆没，最高将领孟明等三人亦被生擒。这就是历史上有名的秦晋殽之战。但是此时继位的晋襄公，生母是秦穆公之女文嬴。她对襄公说：“这场战役完全是孟明等人挑唆起来的，把他们放回去，秦君一定会严办。岂不是比你亲自杀更好吗？”就这样，晋襄公把孟明等人放走了。第二天早朝时，先轸打听秦俘的情况，得知襄公已私自把孟明等人放回，震怒，当场破口骂道：“勇士们九死一生，拘敌于原，你竟听信妇人之言，放虎归山。我看晋国完了！”说完他竟不顾襄公的面子，以“呸”的一声来回应他。襄公意识到了问题的严重性，马上派人去追，但为时已晚。这年八月，狄人伐晋，被晋人打败。先轸说：“我侮辱国君未受惩罚，敢不自罚吗？”说完他脱掉甲胄，单枪匹马冲入敌阵而死。狄人出于对他的尊敬，将其尸首交还给了晋国，面容看上去像活人一样。

现在，就让我们一起来分析一下，是什么原因导致了先轸的死。显然，直接原因是他意识到自己不该对国君无礼，愧疚、自责使他选择以死来解脱。你也许会说，先轸的行为未免太极端了。既然襄公已经不计较了，何必还要自罚呢？而且还要结束自己的生命，有这个必要吗？

首先应当承认的是，先轸那天当着众臣的面，公开对国君无礼，确实相当过分。即使在今天，如果哪个下级敢当着同事的面，以"呸"的方式来回应上司，也是上司受不了的。先轸身为晋国主帅，当然知道自己有失分寸。但是由于晋襄公并未对他表达任何不满，亦无任何惩罚或报复，这反而使先轸愈发地不知所措了。

我们仔细研究先轸在晋国受到赏识、提拔并被委以重任的经历，可以发现其中的原因。鲁僖公二十七年（前 633），晋文公重耳结束长达十九年的流亡生涯，回国当上晋国国君后不久，就任命先轸为"下军佐"，位居六卿之列，[1] 此前看不到先轸在晋国有任何职务的记载。任用先轸，完全是由于晋侯赏识他的人品。次年，先轸又被提拔为晋国中军将，位居六卿之首。先轸以一介匹夫，而能在短期内成为三军统帅，超过所有其他追随重耳长期流亡的人。在接下来晋楚城濮之战以及秦晋殽之战中，先轸以实际行动来报答晋侯的知遇之恩。他高超的谋略和过人的见识，为奠定晋国在中原的长久霸业立下了汗马功劳。

结合上述两方面情况，我们可以发现，先轸之所以会死，是

---

〔1〕此时晋国军队由上、中、下三军构成，三军的将（主将）、佐（副将）构成六卿，其中中军将为三军主帅。另外，当时军、政合一，六卿就是晋国最重要的六位大臣。

因为觉得自己那天的行为对不起晋文公的栽培；而他之所以会如此深深地内疚，不能解脱，又是因为他的心太真。这可以拿来解释儒家的"治心"理论。一个本来赤胆忠心的人一时行为失当后，熬不过自己的心，背上了沉重的心灵枷锁，在深重的愧疚感压迫下选择了死亡。全部问题出在他的"心"之上。"心"的问题是他无法回避的，也是我们时常无法回避的。如果先轸事后没有愧疚感，他大可不必活得那么累，也不会选择自尽。但是，关键在于，有无愧疚感，却不是一个人可以自由选择的问题，而是我们有时不得不面对的问题。"了心自了事，犹根拔而草不生"（《菜根谭》），先轸不能从"心"上解决自己的问题，所以他的负罪感会一直陪伴着他，直到死为止。

中国古代的"治心"理论有两个方面：一是从身心和谐、精神安逸、心性自由的角度讲"治心"，主要是一个怡情养性的问题。这种理论由先秦道家较早提出来，在魏晋玄学、隋唐佛教（特别是禅宗）以及宋明理学中得到了发展；二是从仁义道德的角度讲的，即孟子所谓的"以仁存心、以礼存心"（《孟子·离娄》）。它由先秦儒家提出，在后世儒学中得到发展。在本讲前面几节讲的主要是怡情养性的问题，从本节始我们关注"治心"理论的第二层面，即仁义道德的问题。

贪了世味的滋益

设想有个人去劝说先轸，"你不必自责，这样你可以生活得更快乐"，理由如下：

    1. 追求幸福快乐是每个人天经地义的权利；

    2. 选择不愧疚、不自责，你可以生活得更加幸福快乐；

    3. 所以，你应该停止一切愧疚和自责。

    可以想象，假设有人这样去劝先轸，肯定无效。问题并不出在先轸不愿追求自己的幸福快乐，或不懂得这里的三段论逻辑，而在于他的道德感和良心对他的支配力是如此强大，以至于一切理性的计谋和上述劝说在此面前都灰飞烟灭。尽管可以肯定，并不是每一个人在有了与先轸同样的遭遇时，都会像他那样愧疚和自责，但是他的行为却表明了他是一个凭良心活着的人，是一个有自己的道德感的人。这才是问题的关键所在。事实上，我们每个人都有自己的道德感和良心，先轸的愧疚感体现的正是一个普通人的道德感和良心。也许我们并不总是有意识地从良心的角度出发来做事，也不一定清楚自己的良心是什么，但是这并不意味着我们可以不受道德感和良心的支配。有时我们不得不承认，我们每次与自己的心过不去总是会失败，我们斗不过自己的心。我们并不总是自己心的主人，而是它的奴隶。从这个角度说，先轸是受到了他的良心的驱使。不仅先轸要受自己良心的责罚，我们每个人都可能难逃此运。很多做了坏事的人，夜半睡梦中心惊肉跳，一有风吹草动就魂不附体，不也是在受良心的惩罚吗？这同样不是他们愿意不愿意的问题，而是他们不得不面对的。如果可以自由选择的话，那些做了坏事的人，当然会选择逃避良心的责罚，选择不心惊肉跳、不魂不附体。

现在，我们就可以提出：既然道德感和良心是我们难以驾驭的，积极地认识和了解道德感与良心的本质就十分重要了，至少我们应该学会认识良心对我们发生作用的规律是什么。比如，我们应该了解，怎样才能比较好地避免受到道德感和良心的惩罚。对于这一问题，古代儒学大师们提出的观点至少包含两条：第一，只有"以仁存心、以礼存心"（《孟子·离娄》)，即"尽心"，才能心安理得，不受良心的责罚；第二，当义利二者不可兼得的时候，只好选择舍利取义。这两条都是孟子最早明确提出并论证过的。现将这两条略释如下：

首先，事事处处要扪心自问，时时叩问良心允不允许；只有心里干净，才能做事。孟子曾提出了著名的"四端"说。他的意思是，每个人都有良心，差别只在于有的人由于不注意，良心已经麻木，而有的人有意修养，良心得以发展，人格得以保持健康。因此，要注意培养自己的良心，尤其当良心处在萌芽状态时，要有意识地保护它，把它扩充、使之发扬光大。处在萌芽状态的良心被他称为"四端"，包括恻隐之心、好恶之心、是非之心、辞让之心。

其次，由于生活中很多事情都与良心的要求相冲突，特别是人的私欲膨胀时，会与道德、良心背道而驰，这时恰好考验一个人的人格，解决之道在于明确义利之分。很少有人天生愿意去害人，往往都是由于自己的欲望与他人的需要不两立时，才会做出伤天害理之事。怎么办呢？不能见利忘义，有时得舍生取义。

古人云："讨了人事的便宜，必受天道的亏；贪了世味的滋益，必招性分的损。"（《菜根谭》）"天道"和"性分"这两个词我们听起来有点玄乎，其实意思很简单。你占了别人的便宜，别以为你真的占了便宜，在这个方面占到便宜，在其他方面会付出代价。所谓"性分"就是人的天性，老天爷赋予我的天性就称为"性分"。天是冥冥中的主宰，你若在人事方面占别人的便宜，就是对天道的不敬。当然不是指你一定会马上受到恶报，但是老天爷会让你体会到灵魂深处的不安，受到良知的谴责，即"必招性分的损"。你占的便宜可能只是一粒芝麻，但是你亏损的却相当于一个西瓜。有些人总喜欢占别人的便宜，捞到本不属于自己的好处，结果老天爷让他终日惶惶不安，甚至长期生活在罪孽感之中，生命质量大打折扣，这不是丢掉了西瓜是什么？当然先轸不是一个贪心之人，但是毕竟他的性格有欠缺的一面，对事情也有一定的责任，这才导致他逃脱不了良心的惩罚。吕坤说，"惟理义之悦我心，却步步是安乐境。"（《呻吟语》）即从情理、道义的角度来做事，才会使人心安理得。你也许会说，换作别人可能不会像先轸那样有罪孽感，但是别人在这件事上没有罪孽感，不等于不会在其他事上没有罪孽感。

尽其心，知其性

有了前面的讨论，现在我们就可以对孟子的性善论略加介绍。

孟子的性善论常常被一些人批评，不少人从现代科学的角度来批评孟子不明白人的自然属性无所谓善恶，也有人倾向于人性恶，或人性有善也有恶。批评多半建立在对孟子的严重误解之上。

其实，孟子并没有从我们今天的意义上来讨论人性本质上是善还是恶。他的真正意图只不过是想说明，一个人只有保存和发扬善念，用心做人，才能真正体验到人性的魅力，感受到来自灵魂深处的强大力量，认识生命的尊严和价值。我们从上面所讲的先轸的例子，也可以说明这一点。由此可以理解，孟子为什么会提出著名的"尽心"学说。孟子曰：

> 尽其心者，知其性也。
>
> 知其性，则知天矣。
>
> 存其心，养其性，
>
> 所以事天也。
>
> （《孟子·尽心》）

这段话中的一部分内容在第二章"存养"部分讲过，下面来解读其中没有讲过的内容。前面部分讲"尽心、知性、知天"，后面讲"存心、养性、事天"，代表两个递进和对应的过程，都针对"心""性"和"天"。其过程如下：

> 尽心→知性→知天
>
> 存心→养性→事天

宋明以来的儒家学者极力推崇上面这段话，并在此基础上形成了一套完整庞大的修身思想，因此宋明理学有时也被称为"心性儒学"。第一部分讲"尽心、知性、知天"，讲由"尽心"而"知性"、而"知天"。第二部分讲"存心、养性、事天"。其中的"存""养""事"，这三者都是行为。所以，第二部分落脚在行为之上，落脚在人们在实际生活中该怎么做上。但是无论是"知"还是"行"，都是针对人的性格修养而发，针对"心""性""天"这三者而言。

所谓"尽心"，用我们今天的话来讲，就是最大限度地按照良心的要求来做。这样在任何时候扪心自问都不会感到愧疚，因为你没有做见不得人的事。这一点前面已经讲过。"尽心"了才会"知性"，即不再感到"性分的亏损"。在生活中有很多这方面的例子。比如有人说，他每次在公共汽车上逃票时都会东张西望，紧张得很。这种紧张心理是他为逃票行为付出了的"性分"方面的代价。换一种方式做，不逃票时心里会踏实很多。这种"踏实感"是上天对他的奖励，也是合乎他的本性或良心要求的行为。这时他不会感到"性分的亏损"，所以"尽心"可以"知性"。同理，狼牙山五壮士选择了跳崖而不是投降，因为他们觉得那样做才合乎他们的本性和良心的要求，他们的行为得到了老天这样的回报：他们体验到了人性的崇高、庄严和伟大，这就叫作"知性"。由于"性"是由天赋的，或者说"性"代表我们天然的禀赋，所以临死时的伟大体验代表了上天对人性的奖赏，认识到这一点就叫作"知天"。

从上述过程我们得出这样的结论：只有用心去做人，实实在在地做事，才能体验到人性的魅力，感受到上天对人的丰厚馈赠。这就叫作"存心、养性、事天"。性善论的要旨在此清晰展现：上天并没有亏待我们，尽心、存心做人，你会感到灵魂更加坦荡，胸襟更加博大，生命更有价值，人性更有尊严。按照良心的驱使做事，用心去体验人的本质力量，理解人性的尊严，感受生命的魅力，你会感受到"性分的完满"（而不是"亏损"），这就是"养性"。这里面体现了人性的法则，人是不能违背的。这种法则来自何方？来自上苍的恩赐，也可以说是我们的先天禀赋。认识到这一点叫作"知天"，遵守这一天赋规则叫作"事天"。

吕坤的《呻吟语》中说："性分不可使亏欠，故其取数也常多，曰穷理，曰尽性，曰达天，曰入神，曰致广大、极高明。情欲不可使盈余，故其取数也常少，曰谨言，曰慎行，曰约己，曰清心，曰节饮食、寡嗜欲。"这段话的大意与孟子的话相同。其中"穷理""尽性""达天""入神""致广大、极高明"等名词，主要来自先秦儒家经典，大家如果"尽心"的话，应该能体会出其中含义。

第六讲　慎　独

莫见乎隐，

莫显乎微，

故君子慎其独也。

——《中庸》

中国人的心理健康问题

最近一些年，心理门诊开始在我国遍地开花，各种各样的心理诊所或门诊火爆，尤其以节假日期间为甚。每逢"五一""国庆"之类的长假，精神疾病门诊量就会剧增。北京某著名的精神卫生研究所自开设心理治疗门诊以来，门诊量就不断增加，一年内一天的门诊量增加 100 个，平均达每天 330 人，还是供不应求。[1] 据一家健康咨询中心的统计，患心理疾病比例最高的首先是感情问题，包括恋爱、婚姻、家庭等问题。其次是工作、事业、前途类问题。列第三的是子女类问题，包括高考落榜、网迷厌学、家长忧虑等等。[2]

有关中国员工心理健康的调查显示：在所有参加调查的人中，有接近四分之一的被调查者存在比较严重的心理健康问题。被调查者经常出现的心理健康问题有：精神上的压力；感觉不开心、郁闷；觉得自己不能担当有用的角色。调查给出了不同学历、不

---

〔1〕张捷. 精神病疾患正在摧残我们的心灵 [N]. 浙江科技报，2001-01-18(4).

〔2〕李昱甫，魏成华. 贵阳市民：子女问题成"心病" [N]. 贵阳晚报，2006-07-21.

同行业、不同职业、不同职位、不同地区的人群出现心理健康问题的精确数据。其中，20 世纪 80 年代及以后出生的人，比其他年代出生的人出现心理健康问题的比例更高。[1]

　　青少年、特别是中小学生的心理健康问题也引人注目。据权威部门发布的数据，我国儿童、青少年行为问题的检出率为12.97％，有焦虑不安、恐怖和抑郁情绪等问题的大学生占学生总数的 16％以上。另外，我国 17 岁以下未成年人中将近十分之一的人有学习、情绪、行为等各类障碍。其中小学生心理障碍患病率为四分之一左右，突出表现为人际关系、情绪稳定性和学习适应方面的问题。大学生中相当多的人有心理障碍，以焦虑不安、神经衰弱、强迫症状等为主。而且近年来，儿童、青少年的心理问题有上升的趋势[2]。中学生的心理健康问题主要表现为喜怒无常，情绪不稳，自我失控，心理承受力低，意志薄弱，缺乏自信，学习困难，考试焦虑，记忆力衰退，注意力不集中，思维贫乏，学习成绩不稳，难以应付挫折，青春期闭锁心理，并在行为上出现打架、骂人、说谎、考试舞弊、厌学、逃学，严重的出现自伤或伤人现象。[3]

　　另据卫生部消息：20 世纪 80 年代以来，我国精神疾病的患病率呈明显上升趋势，越来越多的人存在不同程度的心理障碍或精神疾病。世界卫生组织研究显示，在中国疾病负担较高的 25 种疾病中，精神疾病占 5 项，分别是抑郁症、双相情感疾病、精神

〔1〕罗丹萍. 2005年中国员工心理健康 [EB/OL].（2005-07-08）. http://www.china.hrd.net
〔2〕许又新. 心理健康与精神障碍 [N]. 中国青年报，2004-03-10；金振蓉. 聚焦青少年心理健康问题 [N]. 光明日报，2004-04-09.
〔3〕陈光磊. 中学生心理健康问题及对策 [J]. 山东省菏泽师专学报，1998（1）：73-75，38.

分裂症、强迫症、自杀。精神障碍所造成的负担，在目前中国疾病总负担中排名第一，已经超过心脑血管病、糖尿病和恶性肿瘤等疾患。中国各类精神疾病约占疾病总负担的 1/5。另外，中国精神病患有低龄化、女性化、白领化等趋势。目前，30 岁以上的都市女性患抑郁症的比率正在上升。不少女性由于生理因素，感情丰富、敏感、多虑，苦恼长期无从排遣，不知不觉陷入抑郁症中。越来越多的企业家、商人、成名文艺工作者、三资企业高级职员、机关公务员等出现在各种心理咨询门诊。[1]

这是一个躁动的、人心不宁的年代。数不清的人们生活在"深重"的精神痛苦之中……

天地位焉，万物育焉

早在 1923 年，奥地利学者弗洛伊德曾提出一个著名的"本我—自我—超我"的学说。他认为，人的自我（人格）可分为三个部分：本我、自我和超我。"本我"是人的原始生命本能，与生俱来的冲动，它的目标是冲破一切道德和规范的限制，不断追求实现本能的欲望；"自我"是人的现实自我意识，"本我"与"超我"之间的调节阀，协调二者的关系。"超我"代表外部社会规范和道德在人心中的内化，构成了行为的消极限制。"自我"与"本我""超我"三者之间的关系，是衡量一个人心理健康与

---

[1] 张捷. 精神病疾患正在摧残我们的心灵 [N]. 浙江科技报，2001-01-18 (4).

否的基本要素。只有消除了"自我"的三种焦虑，并在三者之间建立了平衡与和谐，才能确保心理健康不出问题。[1]按照这一理论，当代中国社会上述严重的心理健康问题有两种解释：一，当代中国人生理欲望太强，"本我"对"超我"构成了强大冲击；二，当代社会给人们施加了过多过大的道德规范和现实条件限制，即"超我"过于强大，"本我"长期处在受压抑的状态中。

这种解释表面看来似乎有道理，其实有两个严重的局限：一方面，困扰中国人心理的许多欲望，如好面子、贪图虚荣、做人上人等等，主要与文化有关，而不是生理欲望。而弗洛伊德所说的"本我"，作为人的生命力本能，主要是指生理上的，早期以性本能为主，后来也包括饥、渴、死亡等。给我们带来精神痛苦和心理困境的欲望基本上都是由文化产生的，而不是来自于弗洛伊德所说的、与文化无关的"本我"世界。另一方面，如何处理这些欲望，是尽力去满足它们，还是应该压制它

们，才能重建个人心理世界的平衡与和谐呢？这个问题，涉及这些欲望本身的性质，也是弗洛伊德未圆满回答的。

正是从这个角度出发，我们发现，用《中庸》的"中和"思想来解释当代人的心理疾病，反而更有效。按照《中庸》的观点，现代人的心理健康问题来源于他们失去了对本性或真实自我

---

〔1〕张书义. 弗洛伊德人格理论述评 [J]. 天中学刊, 1998, 13 (4)：82-83.

的把握。这里，人的本性或真实自我，即《中庸》和孟子所谓的"性"，绝不是弗洛伊德意义的"本我"。因为"性"不是本能的生理欲望，更不是性本能，而是通过修身、通过"致中和"才能把握到的生命本体或本源。只有体认到人的本性或真实自我是什么，并在现实生活中采取保存和发展其本性或自我的行为，才能消除心理疾病。据此，现代人的精神问题和心理疾病，不是由于欲望在现实中得不到充分满足所致，而是由于欲望以及满足欲望的行为伤害到了人的本性或真实自我。《中庸》曰：

> 中也者，
>
> 天下之大本也；
>
> 和也者，
>
> 天下之达道也。
>
> 致中和，
>
> 天地位焉，
>
> 万物育焉。

必须注意，不少人未认真读书，将"中庸"解释为不温不火的平庸之道，是没棱没角的滑头哲学，这是完全失实的。因为"中"的本义是"不偏不倚"，即没有偏差；"庸"指常道，即道理、原理。在这里，"中"主要指人未与外界接触，情绪还没有发动起来，因而人性没有偏离正道的状态。根据古人的注解，"中"代表静——在虚静之中，人心无私无欲，人性真实本源，人能充分体验自己的真实本性。"和"代表动——人行动起来后，做到和谐、有条不紊，其中包括个人身心的和谐以及个人与外界的和谐。

宋明理学家认为"中"代表生命的本然真实，即生命本体，他们经常通过静坐来"观未发之中"。"观未发之中"，就是找回生命的本体。但是人不可能永远静而不动，如果动时情绪不受控制，就会破坏自己的心境，打破身心的平衡与和谐，即"不和"，因此需要"发而皆中节"。"发而皆中节"，才能保证内心的平静，才能"守中"；有意识地保持内心的平静（即"守中"），才能调控自己的情绪，使之"趋和"。可见，"守中"与"趋和"是相辅相成的。"守中""趋和"，即《中庸》所谓的"致中和"。一方面，"中"是指内而言，"和"是指外而言；另一方面，"中"代表静，"和"代表动。动静相依，内外相成，共同构成了我们生命的实际状态。把握好"中""和"，不仅会让我们保持健康的心理，健全的人格，而且也符合天地运行的法则、万物生长的原理，即"天地位焉，万物育焉"。

从这里我们发现，弗洛伊德的学说似乎假定了人的本能欲望与道德原则、社会规范本质上是不相融的，这一假定从一开始就已经将"我"置于与社会对立的位置。"本质上不同"，本身意味着对抗是永恒的，而协调一致是暂时的、是不得已而为之。这一假定倒是符合了西方文化倾向于永不安于现状、偏好动态超越的习性。但是如果从这一理论来理解人性，显然过于简单了，难以用来解释前面所提到的当代中国人的心理健康问题。《中庸》《孟子》的人性概念与弗洛伊德的迥然不同。孟子也知道人性中有不少本能的成分，但是他认为这一部分内容是人与动物共享的，因而并不能反映人之为人的特殊性。因此，人性主要并不是自然生理欲望的总和，而是需要我们用心去体会的东西。孟子认为，人在凭良心做事的时候，会体验到什么是自己的真实本性；只有那些让人体验自己的真实本性的行为，才能真正有益于身心健康。

仔细分析可以发现，弗洛伊德的人性论从事实判断的角度出发，发现人性与外在规范不同甚至对立。而孟子或中国的人性论由于是从价值判断的角度出发的，所以得出：真正符合人性的东西，恰恰也是与道德原则、外在规范相一致的。即前面我们所说的"贪了世味的滋益，必招性分的损"。从弗洛伊德的学说出发，人的内在本性与外在现实规范之间永远存在着对立和对抗，因而即使"本我"与"超我"之间建立了平衡关系，也只是暂时的，甚至是勉强的。而孟子的人性学说则不同，它认为真正合乎人性的东西，恰恰也与宇宙、社会、万物整体和谐发展的理想是一致的。由此出发，一个真正有意义的结论就出来了：不需要把那么多心思花在思考如何遵循社会规范和道德原则上，而是花在尽可能凭良心做人做事（即尽心）上。当然，孟子与弗洛伊德的人性论，有一个共同点，都认为健康的人格需要个人内心世界与外在规范、内在人性与道德原则之间的和谐与平衡。相比之下，孟子的人性论对于解决心理问题的方法提出了比较明确的要求。

人心惟危，道心惟微

不久前，我收到一封大三学生的来信，本学期她选了我的课。信中叙述了她上大学三年来迷茫困惑的心情，尤其是在如何选择、如何追求方面的。我回信说："你所说的问题，各人情况不同，也许难有普遍适用之策。我想你最关键的是搞清楚自己内心深处真正期望的人生理想是什么，你自己有没有一个大致的想法，并能拿出一个明确的计划一步一步朝它迈进。很多人是因为内心对于自己将来的人生目标和方向不明确，随大流，受环境和他人影响太大，过分在意身边一些人的看法，以至于自己的真实自我都没有了。结果什么都想要，什么都没搞好。而在现实中，由于人的精力有限，不可能样样都兼顾得那么好，多数人难兼顾，有所得必然有所失，这时就要考验一个人的人生意志了。如果人生意志坚定，就会宁愿失去一些极不愿失去的东西，也要朝着自己认为真正有价值的方向前进"云云。

没想到，该同学很快回信道：

> 我现在就是不清楚自己内心深处真正期望的人生理想是什么。……很多时候都是随大流的，很在意身边人的看法！我不知道到底应该舍弃什么，而又去追求什么。……我觉得自己还是很幸运的，但就是不能明确自己的方向、目标。……我觉得我就是一个特别容易被别人影响的人，但又不知道该怎样改变现状……

从来信可以看出，这位同学自我认识能力相当强，已经开始有意识地寻找出路，这比许多长年浑浑噩噩而不思的人进步多了。我能教她的方法是，不要太在意别人，反复不断地探究自己真正想要的是什么；她必须一而再、再而三地扪心自问，不能有杂念，真正对自己负责。因为在这种事上，别人所能做的是非常有限的。一个人内心深处的东西，只有自己才知道，别人又怎么能代替呢?

　　然而，正确认识自己的心是一件很难的事。一位同学在课程文章中谈到，我们平时老讲做人要拿出"诚意"来，其实未必真的能做到。他认为，"诚意"需要"澄"其"意"。也就是让其他干扰的事物慢慢沉淀而真正看清楚自己的好恶是什么。在价值抉择面前，人有时未必知道尊重自己内心的真实考量，特别是那些最细微同时也最真实的好恶，这样的好恶就简单得像人对于美的好感和对于丑的厌恶一样。反过来说，如果在价值考量的时候过分依赖于环境的评论，就易在人前背弃自身、顺从他人，但在人后又不自觉地做自己想做的事，行为和心理分裂，言行不一。这种人，由于独处时会做一些与自己在人前承认的世俗观念相悖之事，不住地内疚；另一方面，在人前又会做自己不想做的事情，从而感觉压抑和背叛。所以不诚之人很容易自我否定，结果丧失自信，失去生活的动力，心也就"不得其正"了。试想如果遇到了真正的考验，而当事人却在自我否定中徘徊，那怎么能用一颗正心去面对困难。在这里，《大学》通过直击人的内心来发掘人的真正动力来源，因此要求一个君子"慎独"，也就是要求他认识到自己内心的真实好恶，并以这样的好恶作为自己的行为准绳，获得真正的行为动力，而不要人前一套、人后另一套，总是容易背叛或否定自己，人生没有根基和稳定感。这位同学说：

　　　　"诚意"的关键，在于如何真正明白自身之所好、所恶，用真诚的力量去做事。我们往往只能看到表象：一个人发奋学习好像很喜欢求知，或许他只是喜欢别人赞许的声音；一个人害怕考试失利，也许他真正害怕的是父母的指责和同学的非议；喜欢看网球，兴许只是喜欢看打网球的美女；讨厌喝牛奶，没准是因为曾看到过挤奶的情形，觉得很不卫生。所以我们的好恶之中有太多太多不实的东西，只有发现真正的原因才能"诚意"。如果不能发现自己上进真正的原因，那么一旦实因消失就如被釜底抽薪一般而失去了前进的动力。比如说很多人高中的时候考清华或许只是为了争一口气，或是争光之类。那么来到了清华，实现了当初真实的目的，就如被釜底抽薪一般，顿时失去了学习的动力，开始沉沦。清华人自己会奇怪，当初高中环境那么恶劣都能发奋学习，到了清华反而堕落了。其实原因在每个人自身，也就是他当时是为了争气争光，那么他行为的本质对于他来说就不是学习了，就只是争光争气本身，具体靠什么争光争气已经是次要的了。所以当他考上了清华，这样的行为也就因为达到了目的，而自然而然地完成了使命，学习也就要停止了。所以古人说要"精诚"，也就是"诚意"，也就是没有任何的欺瞒，那么才是真正了解自己。

如果一个人能够摆脱虚妄不实的念头，找出真正属于自己活泼天性的东西，他也许会发现真诚就是按照自己的真实本性做人做事。其实很简单，也很容易。这时候，一个人对待他人的情感和态度就像从心灵之谷里款款流淌出的泉水一样，自然而然，没有任何添油加醋，却最亲切感人，那才是真正的真诚。我们常常从社会需要和道德规范的角度来教育人们真诚，而不懂得培养人们自我面对和解剖的功夫，结果往往适得其反。

"人心惟危，道心惟微"，这是《尚书·大禹谟》中的一句名言，试图说明人的内心世界是何等复杂。这句话中的"人心"指人的私欲、贪心；"道心"指人的良知、良心，或指人心中合乎情理与道义的成分。"人心易私而难公，故危；道心难明而易昧，故微。"（蔡沈《书经集传》）这与现代人的心理疾病有很大的关系。因为，要想预防或消除心理疾病，每个人必须分析自己的心理问题，认识哪些思想给自己带来了心理困境，并及时消除心中不好的念头。因此，笼统地批判现代人欲望膨胀，并不能解决每个人的心理问题。落实到每一个人、特别是其内心世界，问题就复杂了。需要每人自己去分析，哪些是人心中不正常、不合理的欲望，哪些是人心中正常、合理的欲望。有时候，"人心"与"道心"之间的界限并不是那么清楚。要厘清自己的心理问题，前提之一是必须敢于面对自己，勇敢地承认自己的弱点；与此同时，还必须学会认识心中各种复杂的内容，各种思想的萌芽，种种不好的惯性。一些心灵深处不好的欲望或念头，如果不能扼杀在萌芽阶段，最终很可能发展成为人心中的一种祸害。上面所说的那位同学，已经有相当的自觉意识，但是还不够彻底，也许有必要有意识地做一种功夫——"慎独"。

戒慎恐惧，莫见乎隐

"慎独"一词见于《中庸》《大学》《荀子》等多部先秦儒家著作。这个"独"字，按照朱熹的说法，指"人所不知、己所独知之地"，即每个人独有的个人内心世界，非他人所易知。"慎独"，顾名思义，就是要诚实面对或谨慎对待自己那个人所不知、己所独知的内心世界。《中庸》曰：

> 戒慎乎其所不睹，
>
> 恐惧乎其所不闻。
>
> 莫见乎隐，
>
> 莫显乎微，
>
> 故君子慎其独也。

《中庸》从"戒慎乎其所不睹，恐惧乎其所不闻"的角度来理解"慎独"，即高度警惕内心的每一个念头、每一种行为，尤其是当它们还在处在隐微幽暗之地、不为他人所知之时，就要及时加以制止，不可掉以轻心。也有人将"独"理解为不为众人所窥的场合，"慎独"即所谓"不愧于屋漏"、不在暗中做坏事。《大学》则从"诚于中、形于外"的角度理解"慎独"，即一个人的外在行为要以内心的真诚为前提，从发心、起念到行为都主动要求自己出乎真诚。曾国藩在论及"慎"之义时指出："慎者，有所畏惮之谓也。"[1]

---

[1] 曾国藩. 曾国藩全集：第14卷 [M]. 长沙：岳麓书社，1986：32.

　　由此出发，我们可以说，现代人的心理健康问题，主要是由于平时很少孤身独处、独自面对，或者说很少对自己的内心世界作认真、细致的反省（即不能"守中"），对于心理世界中存在的问题消除不及时，导致了他们控制不了自己的情绪，即不能"发而皆中节"（"趋和"）。既不能"趋和"，也无法"守中"，导致自我的长期迷失，以及身心的和谐平衡长期得不到恢复，才会出现心理健康上的各种问题。所谓"冰冻三尺，非一日之寒"，心理上的问题需要对自己有异常清醒的认识，并在平时防微杜渐才能防患于未然；正因为如此，一个人心理世界的种种问题，非诉诸"慎独"的功夫不能解决。

　　很多在众人看来较为成功的学子，不知道自己究竟该追求什么。他们从小到大，学习成绩不错，得到了无尽的宠爱和赞赏，家长老师已经为之安排好了一切，只要好好听话就行了。所以多年来自己的一切，包括上什么大学，学什么专业，找什么工作，交什么朋友……都是父母、长辈、老师们替自己设计好了的，自己也已习惯过一种不加反省的生活。久而久之，当生活中出现矛盾，必须由自己做出抉择时，他们根本无法面对。因为长期以来他们不去思考自己的真实需要，不去有意识地认识"本我"，所以才会出现这样的问题。这样的人，在我们的生活中实在是太多。这在很大程度上也因为社会太功利，人人都被功利需要推着走，结果忘了人生的真实方向。当问题和矛盾日益增多后，人们的心理健康就出问题了。遗憾的是，很多人对自己的心理问题都缺乏认识能力，更谈不上诊治了。

　　有关中国人精神心理疾病的研究指出，精神或心理疾病在中国还是个隐蔽的杀手。许多患者对自己内心深处的问题羞于道破，也不愿意去看医生，导致心理疾病愈来愈严重，从小病发展到大病。如果有更多的人能成为自己的心理分析师，自己给自己治病，"隐蔽杀手"的问题岂不是自然化解了吗？其实对于心理疾病，即使病人主动找医生看病，也必须依赖于病人的自觉，真正战胜疾病最终还是要靠自己。对于生命来说，再好的医生也不能代替自己。最了解我们的人永远是自己。因此，如果每个人都具备一点心理健康的知识，学会认识自己，战胜自己，才是根本解决之道。

抛开一切客观因素不谈，从主观上来分析，现代人心理疾病的产生主要是由于从不对自己的"心"进行调控。从这个角度出发，我们发现中国古代的修养学说包含大量心理分析内容，用现代术语讲，可以说修身的主要成效之一正是把人培养成为自己的心理医师。中国古代的儒学大师、道士以及禅师等可以说都是当时最好的精神分析师。看看他们的作品或对话录，其中有大量对自我及他人心理的生动精彩分析，通过各种方式的点拨让人从心理障碍中走出来。古人之所以非常重视修身，是因为他们认识到治心、努力消除自己的心理疾病的重要性。为了达到这一目标，他们发明了很多方法，"慎独"就是其中最重要的方法之一。

> 闲中不放过，
>
> 忙中有受用；
>
> 静中不落空，
>
> 动中有受用；
>
> 暗中不欺隐，

明中有受用。

（《菜根谭》）

这段话说明古人如何重视内心世界的自觉和调整：有了闲暇时间不虚度光阴，而是静坐修身，忙起来时会体会到它的好处。这叫作"闲中不放过，忙中有受用"。一个人安静下来时不是无所事事，而是调整心态，遇事时将能更加从容自如。这叫作"静中不落空，动中有受用"。当你有机会利用职务、权力、时机之便占人便宜，而不会被人发觉时，你会做吗？在无人知晓的幽暗角落，不顺手牵羊做坏事，这叫作"暗中不欺隐"。这样的人才能有高风亮节，故曰"明中有受用"。

昧暗处见光明世界

今天我们拥有了更高层的楼宇、更宽阔的公路
但是我们的性情却更急躁，眼光也更狭隘
我们消耗的更多，享受到的却更少
我们的房子更大了，但是我们的家庭却更小了
我们妥协更多了，但时间更少
我们拥有了更多的知识，但判断力却更差了
我们有了更多的药品，但健康却不如以往了
我们拥有更多的财富，但价值却更少了
我们说得多了，爱的却少了，我们的仇恨也更多了

> 我们可以往返月球
>
> 但却难以迈出一步去亲近我们的左邻右舍
>
> 我们可以征服外层空间，却征服不了我们的内心
>
> 我们的收入增加了，但道德却更少了
>
> 我们的时代更加自由了，但拥有的快乐时光却更少了
>
> 我们有了更多的食物，但所能得到的营养却更少了
>
> 现在每个家庭都可以有双份收入，但离婚的现象越
>
> 来越多了
>
> 现在的住家越来越精致了，但也有了更多破碎的家庭
>
> ……

这首广泛流传着的诗，是从英文翻译过来的（原名"Think it over"，遗憾未找到译者），它非常经典地描述了现代人困惑的心灵。

我们每天在应付外部世界的种种需要，支出精力和精神，这是一个生命不断消耗的过程。消耗到最后，油尽灯枯，气息奄奄，生命也该结束了。人的生命能量不能无限度地消耗。为此，需要不断地蓄养精神，聚藏精气。我们虽不能阻止生命的消耗，但至少可以避免过度消耗；虽不能避免生命的终结，但至少应该避免过早终结；虽不能改变生命的周期，但是至少可以让有限的过程更有意义。

明人吕坤曾以"蜗藏于壳，烈日经年而不枯"来说明，人的生命一定要有伟大的蓄养才能成其大。韬光养晦，蓄养精神，也

是一种慎独的功夫。《周易·系辞》曾用"尺蠖之屈"和"龙蛇之蛰"来说明这个道理。尺蠖是一种短小的毛毛虫，它每向前走一步，都必须先收缩自己的躯体；龙蛇是人所共知的动物，冬天必须冬眠，才能在来年继续存活。设想如果尺蠖不收缩身体，就强行向前爬，不仅劳而无功，而且有可能损伤身体，甚至会因不能动弹而饿死。如果龙蛇到了冬天坚持不冬眠，用身体与季节抗衡，有可能活不了多长时间。收缩身体和冬眠反映了动物生命的限度，道理在于：收敛和蓄养是生命继续存活的前提。对于人来说，情形就更严重了。因为不仅生理运动会消耗人的生命，心理活动同样会极大地消耗人的生命；心理疾病在摧残人的生命方面丝毫不亚于生理疾病。因此，人的收敛和蓄养就不限于进食、睡眠或休息，还必须进行精神上的收敛和蓄养。精神上的收敛和蓄养就是心理调适，就是慎独，就是治心、养心。《周易·系辞》还用"翕""辟"的关系来说明天地宇宙的这个原理，以及生命的法则：

> 其静也翕，
>
> 其动也辟，
>
> 是以广生焉。

"翕"是收敛，"辟"是展开。"广生"，即大量的生命生长、繁衍。现代人只是一味在强调"辟"，即向外发展，而不注重"翕"，即内在涵养的积淀，所以才会心力枯竭，发生精神疾病。

"愁烦中具潇洒襟怀，满抱皆春风和气；暗昧处见光明世界，此心即白日青天。"（《围炉夜话》）不是生活中烦恼太多，而是我们心中问题太多；不是命运把我们抛入黑暗，而是我们自己心中没有光明。如果我们的心能"暗昧处见光明世界"，还有何烦恼？

"事穷势蹙之人，当原其初心；功成行满之士，要观其末路。"（《菜根谭》）如果你遇到了巨大的挫折，你是否能全面反省自己，勇敢地直面自己的错误？比如，想想自己的初心有没有什么问题？如果你取得了惊人的成就，成为一颗耀眼的明星，是否想到你可能也有退出繁华的那一天？你可曾设想，如果有一天你从天上掉到地下，再无任何光环和荣耀，你还能像现在这样自信吗？

心可妄动乎哉

有位朋友跟我聊天时谈到这样的感受：在今天的中国，人心都是撕裂的，处在半疯狂状态。今天中国人的心灵，正遭遇着前所未有的危机。所谓的信仰失落也罢，道德的沦丧也罢，社会风气的败坏也罢，家庭的破裂也罢，离婚率上升也罢，坑蒙拐骗也罢，人欲横流也罢，问题都出在"心"之上。

现在，我们来做一个小小的实验，请你闭上眼睛，想一个问题：你目前最大的人生欲望有哪些？那些你梦寐以求的欲望，能不能把它们列出来？一天之中它们在你心中燃起的频率大概是多少？其中有哪些是见不得人的？它们是如何支配着你的心灵？你的这些欲念，可能任何人不知道，你也无须告诉任何人，但是你必须自己来面对它们。此外，如果可能，还请你思考一下：当你静下心来的时候，那些最让你心灵迷乱的欲念是什么？是不是真的值得你一辈子为它们而活？你的人生欲望是否反映了自己人格方面的某种问题？可不可能有其他更好的欲念来代替它们？你这辈子是不是注定了要被绑死甚至毁在这些欲望上？

当然，你也可以不马上做上述工作，等放下手头工作以后，找一个安静的时光来做这个心理实验。你先安下心来，闭上双眼，用心记录有哪些最强烈的欲望在支配你，列出一个清单，出现频率最高的放在第一位，总共可列出两三项甚至五六项。日后一段时间，请你仔细留心一下：这些欲望一直以来是如何影响你的情绪的？你也可以在静坐时带着这个问题来静坐，反省这些欲望对你的影响有多大，以及你的内心生活在多大程度上受它的支配。你再想一想，处理个人内心念头的方法对于个人的心理健康有多大关系。明白了自己的人生欲望，看看你能不能让自己的心不再轻易为杂念所干扰，努力让自己心地纯净、安详；看看你能不能从容、自如地面对一切烦恼；看看你的心神混乱、心劳气竭的状况是不是有所改善。通过持续不断地做这种功夫，慢慢使自己神清气爽，浑身自在。

"心静则气正，正则全。"（白玉蟾）"心静"是道家养生的主要法门之一，也可避免心理疾病。心里宁静，做人自然会有正气。一个人的精神状态好，神清气爽，身心愉悦，是以"心静"为前提的。如果"心不正"，人格扭曲，心理肮脏龌龊，哪还有什么神清气爽可言？这大概正好可以解释为何现代人心理疾病多。

"心无杂念，神不外走。心常归一，意自如如。一心恬然，四大清适。"（白玉蟾）"四大"是指眼、耳、口、鼻，它们要保持清静。有时候我想到自己走在马路上那副魂不守舍的样子，心神涫乱，和古人的境界差若天壤矣。

"人只一念贪私，便销刚为柔，塞智为昏，变恩为惨，染洁为污。"《菜根谭》中的这句话说的是同样的道理，也是慎独的功夫。在生活风平浪静的时候，你也许可以为自己的小聪明得逞而自鸣得意，但是在遇到重要的人生转折关头，我们可能会因为一念之差，而毁于一旦，命运发生不可逆转的转折。

"人心一偏，遂视有为无，造无作有。"（《菜根谭》）我们的心经常会"走偏"。心中偏一丝一毫，外在的言行就大不一样。人生在世难免犯错误，但是有很多错误并不是由于我们不够聪明而犯，而是由于我们自作聪明而犯。世上有多少英雄豪杰，当其功成名就时，何等的荣耀、不可一世，却往往由于一时的疏忽而功亏一篑，甚至身败名裂。站在后人的立场看，他们所犯的往往只是一些低级错误，人在正常情况下都不会犯，而那些豪杰们却犯了。究其原因，显然不是因为他们不够聪明，而往往因为一些贪念在作怪。

终日对越在天

> 君子当终日对越在天也。
>
> （《朱子近思录》）

我们头顶青天，我们脚踏大地。在每一个欲望翻腾的时刻，我们能否不忘前人的教诲？在每一次命运的考验面前，我们能否对得起天地良心？如果我们行得正、站得直，就会心中无愧。所谓"终日对越在天"，即说话做事时时刻刻想到自己面对着苍天。古人又云"举头三尺有神明"，你的心思、你的行为，瞒得过许多人，但瞒不过苍天。也许你的贪心会一时得逞，终究逃脱不了命运的惩罚。因此我们需要从内心深处时刻意识到头顶上的青天，不要指望你的所思所虑、所作所为能逃得过她的注视。曾国藩年轻时候立志修身，他给自己提出的最重要的要求之一就是"无不可对人言之事"，认为这是培养做人正气的紧要之处，其含义与"终日对越在天"一样。

设想一下：假如有这样一个神，你在任何时候、任何一分一秒想的任何东西，他都知道得一清二楚，你根本无法隐瞒任何想法，你还有没有自信理直气壮地面对他？你还有没有勇气坦然、从容地行走于世间？如果你有这样的勇气，那你真不愧为七尺男儿、正人君子。按照古人的观点，只有这样的人才能做顶天立地的英雄，即"与天地参"（《中庸》）。

从这个角度讲，基督教的修身思想对我们有很大启发。基督教对基督徒提出的基本要求就是：如何在上帝面前做人。让我们来看看古罗马时期基督教思想家奥古斯丁（Aurelius Augustinus，354—430）的有关言论。奥古斯丁是欧洲两位最杰出的基督教神学大师之一，在西方基督教思想史上占有极高的地位。奥古斯丁没有创建理论体系，但是他心灵的感悟，像空谷足音一样传遍了世界每一个角落，在无数人的心田产生强烈共鸣，至今不绝如缕。

让我们一起来读几段奥古斯丁的话，看看他如何在上帝面前反省自己。他说：

> 我是谁？我是怎样一个人？什么坏事我没有做过？
> 即使不做，至少说过；即使不说，至少想过。[1]

这种发自内心的自我批判，是多么彻底！这种一丝不苟的信仰态度是何等真诚！奥古斯丁敢于把自己的灵魂解剖到这样一种程度，体现出他对自己的严格要求。他又说：

> 主，请你促醒我们，呼唤我们，熏炙我们，提撕我们，融化我们，使我们心悦诚服，使我怀着炽热的心情向你追踪。[2]

这既是对上帝的赞美，也是他的满腔期待，期待主来帮他清洗心中的污垢、灵魂的渣滓。当然这样期待的前提是坚定地相信上帝存在，它同时假定：我内心深处每一个角落，肮脏也罢、见不得人的念头也罢，也许人世间没人知道，但是我永远别指望能够向万能的主隐瞒自己。我的所思所想、一切的一切，上帝都是一览无余的。我们看到，基督教的忏悔和修身都是以与上帝或天对话的方式进行，而对话的前提正是假定了欺瞒是行不通的。

---

〔1〕奥古斯丁. 忏悔录 [M]. 周士良，译. 北京：商务印书馆，1991：160.
〔2〕奥古斯丁. 忏悔录 [M]. 周士良，译. 北京：商务印书馆，1991：143.

第七讲　主　敬

君子终日乾乾，
夕惕若。
　　——《周易·乾卦》

酷烈之祸，起于玩忽

栾黡（yǎn）是春秋时期晋国的六卿之一，担任下军之将。当时晋国的军队分为上军、中军和下军，"三军"的将、佐（即正、副将领）称为"六卿"，是朝廷中地位最高的六位卿大夫。春秋时代是世袭社会，栾氏家族是晋国强宗大族之一，入春秋一百多年来一直在晋国享有较高的政治地位，鲁僖公二十七年（前633）以来栾氏一直位居六卿之列。栾黡的父亲栾书生前是晋国的中军将（三军主帅），他性格较为张扬，得罪过不少人，其中包括晋国大族赵氏，但也对晋国的霸业有不小的贡献。栾书死后，栾黡自继位以来，根本没有认识到其父生前曾得罪过许多人，如不小心谨慎、处理好各种关系，可能会给自己或后代带来麻烦。相反，他自认本领比谁都强，把谁都不放在眼里，在许多重大事件上公开与上级忤逆，显得飞扬跋扈，不可一世。

鲁襄公十年（前563），晋国作为中原盟主，率领齐、鲁、宋、卫、曹、莒、杞等列国大军三面包围了郑国。楚兵救郑，一场大战一触即发。当时晋、楚两国为争夺中原盟主，常以地

165

处两国之间的郑国作为争夺对象。这时晋国的中军将是智武子（智罃），此人精明过人，计谋超群，他认为要真正征服郑国，不能单靠武力，必须服其心（后来他的谋略取得了巨大成功）。此外，考虑到盟军的实际战斗力，他认为此时与楚军决战不是上策，要诸侯之师以退为进。但是栾黡不同意智武子之谋，作为晋国下军统帅，他公开声称："退师，耻莫大焉。我将率下军独进。"智武子非常尴尬，幸好后来形势变化，战争没有发生。

鲁襄公十四年（前559），为了报复秦国的袭击，晋国率领齐、鲁、郑、宋、卫、曹、莒、杞等十余国大军伐秦。秦人在上游放毒，许多列国士兵中毒身亡。加之列国军队步调不一，导致盟军在战场中陷入被动。就在这关键时刻，中军将荀偃决定破釜沉舟、背水一战。他对列国军队进行了总动员，下令列国大军于次日凌晨前集结完毕，"唯余马首是瞻"，向西面的秦军发起总攻。但是此时，下军统帅栾黡跳了出来，公开告诉列国诸侯："列位，荀偃的马首不能代表晋国方向，我的马要往东走！"于是他率领晋国三军中的一支，即下军，擅自回撤。荀偃一看大事不妙，只好命令列国军队全部撤回，以免被包抄。晋人戏称这场战役为"迁延之役"，讥讽晋国军人无能。

偏偏事有不巧，栾黡的弟弟栾鍼是一个有血气之勇的汉子。由于他无法忍受列国大军败北，自认无颜再面见国人。于是与范宣子之子士鞅约好，二人一起单枪匹马冲入敌阵，一死为快。结果栾鍼死于敌阵，士鞅却中途逃回。栾黡气急败坏地对范宣子说："你儿子唆使我弟弟去拼命，害死了我弟弟，自己却逃了回来。你若不把他撵走，我非杀他不可！"这样，士鞅逃到了秦国，不久又被秦人放回。这件事为栾、范两族之间的仇恨种下了祸根，士鞅在日后处处与栾黡之子栾盈为敌，视栾氏为眼中钉、肉中刺。

鲁襄公二十一年—二十三年（前552—前550）之间，即孔子出世的前一年至出世后的第二年之间，以范宣子为首的范氏家族，发动了一场蓄谋已久、规模空前的旨在彻底消灭栾氏的内战。这时范宣子（又称"士"）已是晋国的中军将，栾黡已死，继位的栾盈是下军佐。栾氏和范氏都是历经好几代人、长达一百多年的积累逐步形成的世族，在晋国政坛有举足轻重的地位。由于范宣子为三军主帅，又得国君支持，加以事先设计周密，结果将以栾盈为首的栾氏家族从上到下杀了个精光，几乎一个不留。从这场内乱中杀戮人数之多、涉及面之广以及对晋国内政影响之大等方面来说，这样的内乱在春秋各国的历史上都是不多见的。据《左传》记载，导致两大家族之间火并的直接原因是栾氏在鲁襄公十四年（前559）得罪过范氏；而间接原因则是栾氏家族数十年来得罪了晋国上层的主要势力，包括赵氏、智氏、荀氏、范氏等晋国最重要的几个大族，致使当时晋国上层势力之间多年来形成的错综复杂的人际关系网对栾氏家族相当不利。

"酷烈之祸，多起于玩忽之人。"（《菜根谭》）虽然栾氏之灭与范宣子父子心胸狭隘也有关，但如果不是栾氏事先得罪了那么多人，范宣子是无论如何不敢对栾氏下毒手的。从《左传》可以看出，栾黡并不是一个很有城府的人，也不工于心计，他的主要缺陷是过于自负、从不顾及他人脸面、一再伤及他人自尊。他可能做梦也想不到，他为自己的刚愎自用、自以为是付出了多么沉重的代价。就在自己张牙舞爪之时，别人对他已恨之入骨；为了消灭栾氏，已经有人绞尽脑汁、费尽心机。这些都是栾黡完全忽视了的东西。

如临深渊，如履薄冰

"世人只缘认得'我'字太真，故多种种嗜好，种种烦恼。"（《菜根谭》）"我执"就是把自己看作是最特别的，处处寻找自我的所谓优越感，总是想证明自己比别人强，甚至将自我凌驾于他人之上。"我执"在中国文化中表现尤其明显，它使生命陷于故步自封的境地，不复有自我超越和进步，不复有生命的常新和完善。因此，敬畏生命的一个重要使命就是摒弃一切"我执"。

晋国的栾黡大概就是"我执"的典型。从他第一次反对退兵，及第二次擅自退兵的言行可以看出，他真正感兴趣的不是退兵之耻，而是急欲凸显自己，想显示自己比智武子和荀偃都强。因此，他才会忘记自己身为三军最高级将领之一的身份，忘记了战争大局和晋国形象。结果，祸起萧墙，整个家族被血洗。

古人常引用《周易》"乾卦"的如下一段话来自我警醒：

> 君子终日乾乾，夕惕若。

这段话指如果一个人能够从早到晚都对自己的缺点和问题保持高度的警惕，即使有灾害，也能化险为夷。"乾乾"，自强不息也。"乾"，健也。"夕惕若"，从早到晚都警惕的样子。

古人认为，敬重生命并不是盲目、一味地拔高生命，或尽量满足它的种种需求。相反，在古人看来，对生命的敬重要求人以巨大的毅力与根深蒂固的人性弱点作斗争，果断剔除生命中的丑陋之处，使之不断完善。生命值得敬重，不是因为它已经光辉灿烂，而是因为我们没有糟蹋它的本钱。好比一块原始粗糙的玉石，费巨大心血把它雕琢成精美的艺术品，才是敬重它的最好方式。在性善论看来，人性本是天地间最有灵性的东西，潜在地包含着至善至美的种子，它之所以在现实中有时显得不可敬，乃是因为人性的弱点无孔不入、无处不在、十分强大的缘故。因此，敬重生命意味着对人性的弱点保持警惕、随时加以校正。人们患上精神疾病或自杀，虽可能与社会因素有关，往往也同时与自身的性格弱点有关。虽然精神或心理疾病总有其深刻的社会背景因素，但是毕竟当社会背景因素形成时，还是个人的心理素质不够好才会发病。因此基督教强调人有原罪，以不断的、无休止的祈祷和忏悔来使人保持对自身生命弱点的高度警觉，并及时校正。而儒家则主张人们对自身人性的弱点时刻"戒慎恐惧"。《诗经》有言：

> 战战兢兢，
>
> 如临深渊，
>
> 如履薄冰。
>
> （《诗经·小旻》）

这首诗在《论语》《左传》《孝经》等其他儒家经典中被广泛引用来说明做人的方式，也在后世儒家修身思想中影响深远，有时被简称为"履薄临深"。我们要像站在深渊边沿一样警惕自身的不足，像踩在薄冰上一样小心地对待人性的弱点。只有以万分的小心来呵护自己的心灵，才能保证不出问题。这是因为人性的弱点随时可能乘虚而入，给我们带来麻烦。从今天的角度看，许多人生的不幸，包括前面所说的自杀和抑郁症，都与性格中的无能和懦弱有关，是人在特定环境下向自己的性格弱点投降的表现。因此，如果我们平时能对自身性格的弱点时刻保持高度的警惕，不断克服自身性格的弱点，出现抑郁症及自杀的概率就会大大减小。

敬以直内，义以方外

明代学者王永彬说得好：

> 为善之端无尽，
>
> 只讲一"让"字，
>
> 便人人可行；
>
> 立身之道何穷，
>
> 只得一"敬"字，
>
> 便事事皆整。
>
> （《围炉夜话》）

为善途径虽多，其实也不复杂，"让"就是一个人人可行的原则；立身之道虽广，其实也很简单，只要懂得了一个"敬"字，自然事事安顿。这体现了儒家的"主敬"思想。所谓"主敬"，简言之就指对生命有一颗敬畏之心，包括对他人的生命常怀敬畏，对自己的生命（特别是其缺陷）常怀忧惧。试想：当有闲暇时间并安静下来时，你在内心深处究竟如何看待自己？你如何处置内心世界种种复杂的念头，又是怎样安顿你那不安的灵魂的？这里没有任何高妙的法术和过人的技巧，只有一条：以虔敬之心待己待人，这就叫作"主敬"。

"主敬"是孔子思想一个极重要的方面。《论语》中"敬"字出现至少二十多次，孔子及其弟子主张"居处恭，执事敬"（《论语·子路》），"行己也恭，事上也敬"（《论语·公冶长》），"居敬而行简，以临其民"（《论语·雍也》），"貌思恭，事思敬"（《论语·季氏》），"敬而无失，与人恭而有礼"（《论语·颜渊》），"言忠信，行笃敬"（《论语·卫灵公》），"敬其事而后其食"（《论语·卫灵公》），"祭思敬，丧思哀"（《论语·子张》），"敬事而信"（《论语·学而》），等等。这些岂止是口头上说说而已，而是要在现实生活中认真执行的。《论语·乡党》详尽地记录了孔子从早到晚、在不同场合与人交接的恭敬之态，令人叹为观止。

"主敬"一词较早见于《礼记·少仪》，宋明以来广为人们引用，作为修身的重要范畴。"主"者，以某某为主、为根本的意思。程子曰："涵养须用敬，进学则在致知。"（《二程集》卷十八）程颐把"敬"当做"持己之道"。这里"涵养"不是名词，指修养过程。"涵"字出自于"函"，在甲骨文中是箭匣之类的东西，写作"⍦"，今日汉语中"信函"一词仍保留了"函"的部分原始含义。"函"用在人身上的时候，加了一个三点水，是为了区别起见，有涵容、收摄、收敛、收拢等义。今天当我们说某个人没涵养时，"涵养"是名词。而在儒家学说史上，"涵"字本是作为动词使用，"涵养"指收敛己心，学会把自己的心收拢进来，不要让它因发散而迷失方向。所谓"涵养须用敬"，就是以虔敬之意收敛己心。

如何以虔敬之意来收敛己心？《周易·文言》说：

> 君子
> 敬以直内，
> 义以方外。

"直内"，按我的理解，可指对自己内心深处的问题，用正直的态度来校正。但是，"直"也可理解为"直面"，指对心中的阴暗面敢于正视，而不是逃避或遮掩。一个人心中对生命常怀敬畏，自然能直面自己的性格弱点，正视心灵深处的丑陋，而不会逃避或遮掩。每个人都有弱点和缺陷，但是承认自己的弱点和缺陷则往往很难。人格的扭曲、心理的疾病，正因为长期对自己性格方面的问题不能正视所致，因而需要"敬以直内"。"方外"指直截了当，该怎么做就怎么做。显然"义以方外"，即理直气壮、大义凛然地待人待事，反对圆滑世故、八面玲珑。如果能虔敬地直面灵魂的弱点和丑陋，就能胸怀坦荡、胸襟博大，"心底无私天地宽"。"敬以直内"与"义以方外"相辅相成，后者可看成前者的产物。"敬义立而德不孤"，"敬"指"敬以直内"，"义"指"义以方外"。"敬义立"，就是能够做到"敬以直内"和"义以方外"。"德不孤"，指品德和言行得到他人的共鸣，不会感到孤单。王永彬说："静能延寿，敬则日强。"（《围炉夜话》）如果能把握好这两个方面，使之相辅相成，定能受益无穷。

背后须防射影之虫

倚高才而玩世，

背后须防射影之虫；

饰厚貌以欺人，

面前恐有照胆之镜。

（《菜根谭》）

"玩世"，我们有时候也说"玩世不恭"，这里指待人待事刚愎自用，不把别人当回事。你也许觉得自己不是个玩世不恭的人，但其实这里的"玩"字，跟我们每个人可能都有关系。有时候我们说："我跟你不是闹着玩的。""你别拿我讲的话当玩笑。""那小子玩弄女性。""好哇，你敢跟老子玩！"……"玩"的概念在生活中有这样一些含义：做事不负责任，待人缺乏诚意，刻意利用、玩弄他人……"射影之虫"，原是一种能喷射毒气的动物，夏天的傍晚，它有时匍匐在草丛里，趁行人不注意，出其不意地向其喷射毒雾，杀伤力很强。不仅自然界中有射影之虫，人类社会也有。有时候我们自以为了不起，一时欺骗、蒙混、玩弄他人而得手，于是更加自得，认为世上无人能成为自己的对手。但是我们忘了，也许恰恰是自大、自得导致我们成了别人的靶子还不知道，也许不知道什么时候我们就会遭到突如其来的打击。生活中的"射影之虫"到处存在啊。

"饰厚貌以欺人，面前恐有照胆之镜"，说的是同样的道理。有些人自以为是，为人处世老爱耍小聪明，多次得逞之后，总以为自己最聪明，自己的阴谋不会有人知晓。其实，别以为人家真的不知道，也许你的心腹肝胆早已被人看穿，说不定什么时候你所有的恶劣行径都会被人揭穿，你心里真的不畏惧吗？做人要意识到山外有山、天外有天，比自己更聪明的人多得是。多年来，你在背后说了人家多少坏话，做了多少伤害他人的事，别以为人家说不出来，是因为他们不知道。你以为仅仅靠一张把稻草说成金条的嘴就能蒙人，让人家信以为真，那只是暂时的。生活需要靠实际本领，众人的眼睛是雪亮的。那种不干实事、专爱给领导打小报告、完全靠耍嘴皮子、到处煽风点火之人，活得何其龌龊、猥琐！所以这段话虽然含义简单，但是对我们做人有一定的警诫作用。即使你现在没有"玩"的心态，记住它也未必无益。

> 步步占先者，
>
> 必有人以挤之；
>
> 事事争胜者，
>
> 必有人以挫之。
>
> （《格言联璧》）

有的人做人做事喜欢逞强好胜，喜欢证明自己高人一等。当生活中有人可能超过他时，他心中无法忍受，甚至不惜使用见不得人的手段来压制他人。有的人欺人太甚，就是因为做人太贪婪，私心太重。有的人做事总是好占便宜，什么好处都要占，什么机会都要归自己，而一到需要实实在在做事的时候，他总是有各种理由和借口躲得远远的。这种人，可能得便宜于一时，但说不定什么时候遇到真正的对头，可就要吃尽苦头了。

恃力者，

忽逢真敌手。

恃势者，

忽逢大对头。

人所料不及也。

（《围炉夜话》）

每个人都有自己的特长或过人之处。但是人们有时容易因为自己的一点长处，而以为没有人能比得上自己。你可能在某些方面超过了别人，但不等于在所有方面都超过别人。人总是容易以自我为中心来衡量别人，容易犯一些低级错误，过高地估计自己。有些人因为有些力气或功夫，唯恐别人不知道，动不动爱以武力压人。这种人一旦遇到比自己功夫更高的对手，被打得抱头鼠窜，再也不敢到处逞能。有些人有权有势，动不动就仗势欺人，一旦遇到比自己更有权势的对手，被整得死去活来，再也不敢耍威风。"机关算尽太聪明，反误了卿卿性命。"《红楼梦》中的这句话我们人人都熟悉，说的也是同样的道理。

总之，上面这几段话都是提醒我们做人要谨慎，不要太张扬，不要嚣张。有时候我们会说："这小子太狂了！""某某人做人太张扬了！""我奉劝你今后做人不要太'颠'。""你以为你是谁呀？""某某人太不像话了！"……我们会用"猖狂""嚣张""狂""颠""张扬"等词来形容一些人，可能就是因为我们看不惯他们的一些行为，他们太自以为是，太不懂得尊重别人，做得太过分了。其实我们每个人可能都有得意忘形、盛气凌人甚至恃强凌弱的时候，尤其当我们志得意满、有所成就、备受他人恭敬和青睐的时候，难免就会张扬一些。有时候在别人看来你已经"狂"得不得了了，而你却觉得很正常，仿佛书上说别人狂妄自大的话都跟你绝缘。在这种情况下，以上面的话为戒，正是"主敬"的应有之义。

出门如见大宾

前些日子，我在学生文章中看到一则搞笑的故事：

> 有个澳洲人在中国看到中国人随地吐痰，不解；
>
> 问朋友，朋友说："那样很爽。"
>
> 然后那个澳洲人试了一下，觉得真的是好潇洒的感觉……
>
> 之后澳洲人回国了，
>
> 若干天后他的中国朋友接到他的 E-mail，
>
> 信里写道："在悉尼歌剧院前吐痰真的很爽。"……
>
> 原来，外国人的"有素质"是因为不知"没素质"的"爽"。

英国某网站访问了 1.5 万名欧洲酒店业人士，调查他们对各国游客表现的意见。结果日本游客被评为最整洁及有礼貌，获选为全球最佳游客，中国排在倒数第三。有篇文章谈到中国人在出国旅游时给人留下印象差的地方有"大声喧哗、随地吐痰、乱扔垃圾、抢占座位、袒胸露背、争嘴吵架等等恶习"，此外，还有

"不听从导游安排、没有时间观念、不尊重当地风俗、搞小聪明贪小便宜"等。[1]某网站还有人这样描写道[2]：

> 有导游这样对调查者表示，带中国团有"三怕"：一怕声音太大，说话声音大，吃饭声音也大，常吼得周围的泰国人不知所措；二怕动不动就吵架，稍谈不拢就发火，不只是和导游吵，夫妻当众吵嘴的情况也有，甚至还有在公共场合大打出手的，吓得导游只好叫警察；三怕服务完扬长而去，不给小费，也不觉得不好意思。总之，许多中国内地游客好像没受过教育的人刚出门，什么也不懂，又口气大得很，看似财大气粗，可一到价格稍贵一些的地方，就沉不住气了，责怪导游"宰人"。

> 很多导游普遍反映一些中国游客对人不信任，特别是导游安排的自费项目，你安排在东家，他偏要跑到西家去。而且在付费时，与当地人也时常发生争执。对一些中国游客买东西喜欢讨价还价、说话声音太大等，泰国人都已经习惯了……

成天大谈"五千年文明古国""礼仪之邦"，如今落得个世界倒数第三，该如何解释？成天要为国争光，像这种脸都丢尽了的事为什么还会发生？据说这都是经济还不够发达、人民生活水平还不够高所致。有人认为："物质生活发达到一定地步，自然会重

---

[1] 机器猫（网名）. 中国人怎么了？[EB/OL]. (2006-05-26). http://www.tuniu.com.
[2] 韵笛（网名）. 中国游客形象排名全球倒数第三，日本第一. [EB/OL]. (2000-05-24) [2007.06.03]. http://www.jnbus.com.cn.

视起精神文明来的；当人们连饭都吃不饱时，不可能指望他们重视精神文明。"按照这种说法，中国人的粗鲁应该被"理解"。但是我不明白，难道两千多年前的"礼仪之邦"的物质生活水平比今天高吗？在"国民整体素质差"，以及如此丑陋的国际形象背后，还蕴涵着什么？我想就是失去了对生命的敬畏之心。

现在就让我们看看物质生活水平低下的两千多年前，孔子是怎样说的：

> 仲弓问仁。
>
> 子曰：
>
> "出门如见大宾，
>
> 使民如承大祭。"
>
> （《论语·颜渊》）

出门见到任何人，无论是达官贵人，还是平头百姓，都像对待贵宾一样敬重；有朝一日若受到重任，为官一方、领导人民，这时不要得意忘形，要像盛大祭祀时一样严肃认真、一丝不苟、高度负责。这无疑是孔子敬畏生命的崇高宣言。在孔子看来，只有懂得敬重他人、敬畏生命，才符合儒家"仁"的道德理想，才能真正成为一个人。"仁者，人也"（《中庸》），仁的理想，就是成为一个真正的人。可以发现孔子及其弟子把敬重、敬畏生命的主题生活化，以此为标准来塑造人们的基本生活方式。如果今天的中国人能从孔子敬畏生命的思想中获得一些灵感，或许不至于落得那么差的国际形象，也不至于虐待自己和他人的生命。敬畏生命与物质生活水平没有直接关系。

现代人喜欢随意，不喜欢节制，结果他们的随意变成了放纵，没有分寸；现代人喜欢舒适，不喜欢刻苦，结果他们的舒适变成了轻薄，没有深度。今天的人们，一看到古人如此严格地要求自己，就觉得不合适，认为古人活得太累了，却从来意识不到自己的问题。而在儒家看来，人是在与人性弱点搏斗的过程中成为人的，对生命的敬重也体现在敢于与人性的弱点搏斗。人不可能自然而然地完善，完全按照本能来放纵自己，做人做事无虔敬之心，就是对生命的不大敬。

有人说，宇宙中是无尽的荒凉，唯有地球之上，因为有人居住而生机盎然、欣欣向荣。可是，当我们把目光投向人类几十万年的历史，我们看到了多少场血流成河的战争，多少人因饥荒、灾害、疾病的折磨而死，多少人与人之间的爱恨情仇，多少人与人之间你死我活的斗争。可见，从理论上论证该如何"敬畏生命"，与在现实生活中把对生命的敬畏具体化为生活的细节似乎完全是两码事。尽管我们可能都读过不少赞美生命、敬畏生命的文章，但是这不等于我们懂得敬重身边的生命。我们可能并不会因为读到了一篇赞美生命的好文章，而改变早已形成的对待他人的方式。我们依然会藐视那些在我们看来值得藐视的人，依旧会仇恨那些伤害到自己的人，照样会与自己不喜欢的人钩心斗角……因此，敬畏生命似乎只是一个具有审美意义的话题，并不等于我们的生活方式。这才是真正值得我们反思的问题，也正是在这里，才体现了儒家传统与今人生活方式的巨大区别。

相比之下，古人不仅早就认识到了生命的可敬可畏，而且力图把对生命的敬畏纳入到日常生活的每个环节。儒家经典《礼记》

中的《礼运》一篇在讨论到"礼"的形成时指出，礼起源于生者对死者的敬重。一个人死了，人们想起他生前的所作所为，想到他对他人的关爱，想到他的音容笑貌，不禁产生了哀伤和痛惜之情。于是发明了一系列礼仪向死者表达他们的敬意，包括埋葬、祭祀、招魂、悼念等等。礼的进一步发展，就是在日常生活的每一个细节中，包括饮食起居的每个相关环节都体现对他人、也是对自己生命的敬重。根据孟子的观点，人与禽兽相差无几，但是一个具有决定性意义的差别是人懂得敬重其他的生命，而动物不懂得。孟子说，人皆有"不忍人之心"，有"恻隐之心、羞恶之心、是非之心、辞让之心"（《孟子·公孙丑》），正是这些人天生具有的良心，使得人发展出一整套和谐共存的礼仪规范，避免了人与人相互争夺和残杀，避免了老者、弱者受到虐待。由此可见，儒家"礼"的思想的精神实质在于把对生命的敬重具体化为一整套日常生活方式。

生生之谓易

据报道，中国目前已成为世界上自杀率最高的国家之一，每年有近30万人自杀身亡，有200万人自杀未遂，150万人因家人或朋友自杀出现长期而严重的心理创伤，16万小于18岁的孩子因父亲或者母亲自杀而变成单亲家庭[1]。造成自杀率上升的主要原因之一是抑郁症患者越来越多。抑郁症患者85%以上有自杀

---

〔1〕张星海. 中国人自杀率为何偏高 [N]. 北京科技报，2004-09-15.

倾向，自杀成功率高达 10% ~ 15%。那些因抑郁症而自杀的人包括名牌高校的学子，现代社会的精英，许多生活、工作压力大的人，等等。[1]

今天，抑郁症确实已经在我们身边蔓延开来。有人甚至认为抑郁症已成为在现代社会的压力和巨变中行走、追求生活之生灵的噩梦。也许你稍微了解一下就会发现，或许就在你身边，就有亲友处于这种心病的折磨之下，其精神和身体经受着炼狱一般的痛苦。那是一种对生命失去了热爱，对亲人丧失了爱心，不再有期待、不再有激情的万念俱灰的感觉。在患者的眼中，游离着暗灰色的、死亡的色彩……

面对抑郁症的蔓延和自杀率的上升，我们不禁要问：

我们有权利自杀吗？

我们有权利虐待自己的生命吗？

也许有人认为，我们虽然无权虐待他人的生命，但是至少有权利虐待自己，包括让自己处在长期自我折磨的精神压抑之中，或者选择自杀。因为我们的生命是属于自己的，就像我们有权利随便处置手中的财物一样处置自己的生命，有权利选择任何一种生活方式，包括选择自杀。下面就让我们一起来分析一下古往今来不同人们、不同文化传统对同一问题的回答。

按照儒家思想，我们永远都没有权利虐待自己的生命，理由很简单：我们的生命并不仅仅属于我们自己，而且属于这个世界

---

[1] 晓剑. 2020 年抑郁症疾病负担将列全国第二 [N]. 中国劳动保障报，2007-04-20 (3)；赵何娟. 知识分子"英年早逝"背后 [N]. 第一财经日报，2007-03-13 (A01)；陈青. 3000 万患者带来 600 亿经济负担，专家呼吁让更多抑郁症患者得到专业治疗 [N]. 文汇报，2007-05-14 (6).

整体。古人认为，人是天地间的一分子，每个人的生命——作为一个小宇宙——都与天地这个大宇宙息息相通，古人称之为"天人感应"。因而每个人活在世上最神圣的任务之一就是认识大宇宙的道理，大宇宙的道理就是"天道"（亦称"天地之道"），任何人都不能违反"天道"。以《周易》为代表的宇宙观认为，天地之道在于"生生"。《周易》中说："天地之大德曰生""生生之谓易"（"易"指《易经》之理）。所谓"生生"，用我们今天的话说，就是生命的健康发育和生长，"生生"是一种对生命高度敬重的精神。与此同时，《周易》还提出"保合太和""各正性命"，即宇宙万物各得其所、和谐共生，这与《中庸》中说"致中和，天地位焉，万物育焉"的精神相一致。

除此之外，古人又认为，人是万物之中"得其秀而最灵"者，因此他能懂得遵循天道，而不像动物那样盲目无知。为了遵循天道，就得充分发挥人之为人的生命潜能，即"尽其性"（《中庸》）；只有"尽其性"，人才成为真正的人，这叫作"与天地参"。如果"尽其性"可指让生命的潜能得到最大程度的发挥，那么"与天地参"，是指人与天地并列而为三（叁），这是人从精神上站立起来、可与天地并列的标志。从这个角度说，自杀、患抑郁症等虐待生命的行为，是不符合宇宙万物发育、成长的"生生之道"的。因为这类行为把人性中能够"与天地参"的禀赋压抑了，是对生命的矮化和不敬。从儒学的观点看，一个社会的"痛苦指数"高，就违反了"生生之道"，与"天道"相对立。

其实，受基督教影响深刻的西方文化传统也强烈反对一切由于自身软弱而虐待自己生命的行为，尤其反对自杀。按照基督教的观念，人是上帝的杰作，但是上帝创造人并不是盲目的，而是先天地赋予了人的生命以目的和意义。人的生命的目的和意义在于通过忏悔和赎罪来超越尘世和肉身，回归于上帝之城。因此，人没有权利在没有完成这一神圣使命之前就采取自杀的方式自行了断，提前结束尘世生活。在西方思想史上，包括奥古斯丁（Aurelius Augustinus，354—430）、休谟（David Hume，1711—1776）、康德（Immanuel Kant，1724—1804）、费希特（J. G. Fichte，1762—1814）、黑格尔（G. W. F. Hegel，1770—1831）、叔本华（Arthur Schopenhauer，1788—1860）、杜尔凯姆（Emile Durkheim，1858—1917）等都写了专门论述自杀的作品，他们基本上都反对自杀，或论证为什么自杀是不道德的。其中有些学者虽然抨击了教会对自杀者的态度，却同样论证了自杀不应该。比如，叔本华认为基督教把自杀等同于犯罪完全是教会的教条思想，但是他同时认为"自杀阻止了最高道德目的的实现"，所以也反对自杀。因此，西方人从自身的文化传统出发，也认为人的生命并不仅仅属于自己，每个人活在世上都有不可逃避的神圣使命需要完成，而不能在没有完成它之前提早结束生命。至于生命中的痛苦和不幸，基督教传统则倾向于认为人活着的目的之一在于积极地体验痛苦，确认自己的原罪，进而找到存在的价值和意义。如果不能正确面对痛苦和不幸，而是消极被动地自我虐待（比如患抑郁症）或自杀，也是应该从道德上谴责的。当然，笼统反对自杀或自我虐待，也未必恰当。比如像王国维、梁巨川、陈三立等人的自杀，狼牙山五壮士的自杀，特工被俘前的自杀……这些自杀行为，人们非但不应谴责，甚至应看成是英雄气概加以讴歌赞美。

敬之敬之，命不易哉

每当出去游玩，徜徉于青山绿水之中，我时常会涌出许多灵感，认识到生命之神奇、人生之不易，深感不能被无聊麻木的生活所淹没，发誓要从当下的消极状态中走出来，去创造、去超越，让生命不断散发出新的光辉。这才是对生命真正的尊重。

敬畏生命，就是要认识到生命的伟大与崇高，生命之无穷无尽的潜能，生命之无限神奇的作用和能量。

敬畏生命，是我们每个人的天职。人不仅不应自杀，而且没有权利虐待生命，无论是自己的还是别人的生命。从《易经》到"四书"，从孔子、孟子到明清思想家的言论，都体现了中国人自古主张敬待生命、敬畏生命的价值观。儒家的天道观与基督教的宇宙观一样反对自杀，反对摧残生命。中国人对生命的敬重最早体现在祭祀行为中，祭祀时敬重祖先，日常生活中敬重长者。古人对生命的敬畏之情，来自于对人生苦难的理解，对生命不易的自觉，以及对人性尊严的捍卫。今天，我们的放纵、玩忽、无所用心，本身就是对生命的大不敬；患抑郁症频发或自杀率上升也与长期以来缺乏敬畏生命的教育有关。

法国神学家、哲学家和医生施韦泽（Albert Schweitzer, 1875—1965）曾在《敬畏生命》中写道：

> 他在非洲志愿行医时，有一天黄昏，看到几只河马在河中与他们所乘的船并排而游，突然感悟到了生命的可爱和神圣。于是，"敬畏生命"的思想在他的心中蓦然产生，并且成了他今后努力倡导和不懈追求的事业。

其实，也只有我们拥有对于生命的敬畏之心时，世界才会在我们面前呈现出它的无限生机，我们才会时时处处感受到生命的高贵与美丽。地上搬家的小蚂蚁，春天枝头鸣唱的鸟儿，高原雪山脚下奔跑的羚羊，大海中戏水的鲸鱼，等等，无不丰富了生命世界的底蕴。我们也才会时时处处在体验中获得"鸢飞鱼跃，道无不在"的生命的顿悟与喜悦。

因此，每当读到那些关于生命的故事，我的心中总会深切地感受到生命无法承受之重，如撒哈拉沙漠中，母骆驼为了使即将渴死的小骆驼喝到够不着的水潭里的水而纵身跳进了潭中；老羚羊们为了使小羚羊们逃生而一个接着一个跳向悬崖，因而能够使小羚羊在它们即将下坠的刹那间以它们为跳板跳到对面的山头上去；一条鳝鱼在油锅中被煎煮时却始终弓起中间的身子是为了保护腹中的小鳝鱼；其实，不是只有人类才拥有生命神圣的光辉。

有时候，我们敬畏生命，也是为了更爱人类自己，丰子恺曾劝告小孩子不要肆意用脚去踩蚂蚁，不要肆意用火或用水去残害蚂蚁，他认为自己那样做不仅仅出于怜悯之心，更是怕小孩子那一点点残忍心以后扩大开来，以至驾着飞机装着炸弹去轰炸无辜的平民。

确实，我们敬畏地球上的一切生命，不仅仅是因为人类有怜悯之心，更因为它们的生命就是人类的命运：当它们被杀害殆尽时，人类就像是最后一块多米诺骨牌，接着倒下的也便是自己了。[1]

初读这几段话，我忽然想到：人们岂止不知道敬重自然的生命，连人的生命也不懂得敬重；岂止不知道敬重他人的生命，连自己的生命都不懂得敬重。比如你在礼貌待人时，是发自内心的恭敬他人，还是仅仅出于客套而敷衍？当你听说有人受苦受难时，会有哀痛之心吗？当你获得重要职位时，会以虔敬之心做事吗？你只要问问自己这些问题，即可发现有无敬畏生命之心。孔子教育他的学生做人要谨慎，做事情不能玩忽职守，正是出于对生命的敬畏。基督教教人去爱他人，认识自己的原罪，也是出于对生命的敬畏。可以想一想，现代人的精神抑郁，是否在一定程度上起于他们不敬畏生命？想想我们的祖先们在艰苦卓绝的生存环境中走过来，他们衣食不保，没有安全感，随时可能死于自然灾害或疾病；而现代人有了宽敞的房屋，良好的医疗设施，优越的物质条件，却会为一个小小的挫折而长期郁闷，为个人的一点点前途问题而患上抑郁症，为一个心中不能释然的事件而自杀……这不是不懂得敬重生命是什么？

"敬畏生命"至少有三层含义：一是认识到自己与生俱来的软弱、无能、丑陋，随时保持高度的警惕，及时历练和完善自己。如果我们没有能力战胜生命的缺陷，不仅意味着我们没有能力战胜自己，而且也是对生命的不敬重；二是珍惜自己的生命潜能，让生命在创造和活动中放射出光彩。只要我们有一天活得没意义，都是对不起上天，都是对生命的不珍惜。因为我们的生命本

---

[1] 张全民. 敬畏生命 [J]. 散文，2001 (5)：7.

来拥有无限的潜能，本来可能创造出无限的神奇，却被我们的局限所毁；三是对一切生命无限的爱，包括对异国之人、动物乃至一切生物的爱。中国人到国外旅游给人留下的印象差，从根本上讲是失去了对生命的虔敬和关爱之心。"保合太和，乃利贞"（《周易》），要有对其他一切生命休戚与共的精神，要把对生命的敬重贯穿到对待身边一花一草、一虫一蚁之中去。珍爱宇宙中的每一个生命，甚至每一个存在物，就是对自身生命的敬重。《诗经》有言道：

> 敬之敬之，
>
> 天惟显思，
>
> 命不易哉！[1]

亲爱的朋友，清晨当你醒来，美丽的阳光从窗户照进来，你是否意识到新的一天的到来，也就是一段新生命的开始；你可曾想到要好好珍惜自己，珍惜自己的岁月和人生，让它真正过得有意义？当夜色降临，人们休息之时，你是否曾一个人闭目沉思，在静坐中反思自己今天过得是否有意义？为了使自己活得真正有意义，你是否愿意考虑改变一下目前的生活方式，每天选择一段时光好好静坐，在静谧之中对自己认真省察，以高度的警觉反思自己性格的局限、心理世界的问题，想想心态该如何调整，从而培养对生命的敬畏之心？

---

〔1〕《诗经·敬之》。"天惟显思"："显"指明显，"思"是语气词，这四字指天理昭昭。

第八讲 谨 言

言行，

君子之枢机。

——《周易·系辞》

言行，君子之枢机

不久前我读到一篇文章，作者说自己参加一个酒会，酒会上一位有一定资历的中年总编"大人"侃侃而谈，五分钟、十分钟、半小时……长时间一个人独白，内容都是一些值得炫耀的个人经历，却意识不到在场的多数人早已经厌倦，只是碍于情面不便打断而已。最后作者用言语"修理"了总编一顿。这使我想到，人生到了一定年龄，做了别人的或师或长，成为一些聚会场合的"重要人物"，这时言行尤易出错。至少你在一些人心目中相对位置高一些，有一些别人没有过的经历，这些都很容易成为你吸引眼球的"资本"。在中国这样的社会里，你的优势往往导致这样的情景：有时别人并不喜欢你或者你的话，但碍于面子，只好长时间忍受你"扯淡"。但也正因为如此，他们对你的反感也特别强烈。

所以我感到人到了一定年龄，"谨言"更加重要。说话不注意，或者你让人感到扬扬自得，或不尊重他人时间，或无法赢得他人的兴趣或理解，或者让人觉得你"好为人师"等，都可能引起别人反感，弄不好会像总编大人那样被"修理"；即使没有人"修理"你，至少自己也应该识趣一点，不要讨人嫌。我自己在多年的教学生涯中，无疑也曾多次当面或背后被个别学生骂或诟病。尽管他们对老师的批评，有些是出于年少气盛，不理解老师的处境，但这并不意味着他们的话就没有几分理。至少做老师的我，有时还要考虑这样一个问题：假如你的话已经引起别人反感了，即使动机再好，再讲下去还有意义吗？干吗不及时调整一下呢？类似那位总编大人的说话方式，我也不是没有经历过，所以时常提醒自己，尽量不要犯同样的毛病。

也许你会说，这样说来，似乎我们周围到处都是陷阱，连说话也这么小心，岂不是活得太累了吗？其实，过分地小心谨慎，是不切实际的。与其一再提醒自己不乱说话，不如好好反省一下病根子在哪里。比如，一个人在内心深处对自我形象的认定，会在很大程度上影响他在公众场合中的外在表现，尤其影响他与别人交接、说话的方式。应该承认，人总是倾向于寻找一些让自我感觉良好的"证据"的。在寻常的日月光景里，我们比较容易因为自己在工作或生活方面的某些特殊"成就"，而自我感觉良好。在每个人的心目中，都对自己有一个基本认知。有的人认为自己是同行中最有成就的，有的人认为自己是同学中最成功的，有的人认为自己是本单位最特别的……这一类"自我形象"，乃是个人内心深处对自我的认知。到了公众场合，这些自我认知容易以其他方式体现出来，成为其待人接物的依据。其中一个常见现象就是，一些人自我认知过于良好，自然意识不到他人的反感，也就是说，意识不到自己在公众或他人面前的形象可能不好。

《周易·系辞》曰：

言行，

君子之枢机。

枢机之发，

荣辱之主也。

"枢"，指户枢，负责门的开闭；"机"，指弓弩上负责发箭的机关。以"枢机"说"言行"，意指言行为君子立身、行事最紧要的步骤。一个人一生的荣辱、成败，取决于其平时的言行，故曰"荣辱之主也"。我们从下面要讲的一些故事中，也可以发现言行与个人荣辱之间的关系。我们对身边每一个人的印象，当然也包括我们自己给别人留下的印象，都是由我们的言行造成的。因此，言行确实关乎个人荣辱甚深。

括囊，无咎无誉

子公和子家是春秋时期郑国国君郑灵公[1]手下的两位大臣。他们都是先君的儿子，郑灵公的庶兄弟。

有一天，子家去见子公，只见子公摇动着食指，神秘兮兮地对他说：

"下次我如此，你就有好东西吃了。"

---

[1] 郑灵公夷皋，鲁宣公四年（前603）在位。

次日上朝，郑灵公当众宣布：楚人送来了一头鼋（时人视为高级珍稀美味），为慰劳群臣，他打算跟大家分享……话音未落，子公再次诡秘地向子家摇动起食指来，子家当场"扑哧"一声，两人相视而笑。灵公见状甚怒，事后问子家，子家据实以告。

等到郑灵公邀群臣吃鼋的那天，他吩咐分给每人一份，唯独不给子公。子公恼羞成怒，气急败坏地走到盛鼋的鼎边，硬是用手指伸进去尝了一口，尝完拔腿就走。郑灵公大怒，扬言要杀他。

子公与子家一起商量对策，子公认为郑灵公一定不会放过他们，他劝子家趁早动手，因为子家执掌兵权。

子家说："就是家里的牛老了，也不敢随便杀啊。更何况国君呢？"

子公见子家犹豫不决，就反诬说一切都是子家惹出来的祸，将来出了事子家逃不了干系，他必须承担全部后果。子家一下子没了主意，在子公的怂恿下杀了郑灵公。此时郑灵公刚即位，未掌军权，故被杀。

由于子公并未直接参与弑君，史书记载都只说子家弑君。郑人也认为是子家杀了国君，对他痛恨有加。鲁宣公十年（前599），子家卒，郑人将子家开棺暴尸，并将他全家老小一起逐出郑国。从此子家一族永远消失在政坛。这件事见于《左传》《史记》等书。

子家本无弑君之心，郑灵公也并未表示要杀他，但他却被人言语所惑，一时糊涂、没有主见，不仅背负了全部骂名，连子孙后代都遭了殃。而整个事件的导火索则是言语失当。在即位新君面前，倚老卖老，言行放肆，不当一也；国君问话，本当立即认错，诚恳道歉，而非推卸责任，归咎兄弟，不当二也；子公相问，当以理服之，使其收回恶念，而竟毫无原则，受人挟持，不当三也；胸无主见，冒天下之大不韪，成他人之所快，不当四也。可见言行不当，有时会引火烧身。至于郑灵公本人之死，显然也与他言行不当有关。他过于在意别人在言语上对自己的尊重，不能开诚布公地与下属相待，心胸狭隘、斤斤计较，一场本来可以避免的灾祸不幸发生在他身上。

在日常生活中，我们常听到"祸从口出""守口如瓶""言多必失""听其言，观其行""言者谆谆，听者藐藐""一言既出，驷马难追"等说法，想必都是前人从无数血的教训中总结出来的，用来说明谨言慎行的极端重要性。不久前，我在网上看到有人这样总结该怎样说话。他说，一个人说话时，人前人后，讨厌与喜欢，赞赏与批评，都容易口耳相传；是与非本来就没有绝对的界限，也并不是每个人都能分辨。同一句话，不同的人理解起来，往往得出不同的结论；有时候自己一个不经意的牢骚传到别人耳朵里，在对方大脑的加工下，再传到别人耳中，表述出来的意思与你的真实意思可能相差千里。

《围炉夜话》中有一段话说得精辟：

神传于目，

而目则有胞，

闭之可以养神也；

祸出于口，

而口则有唇，

阖之可以防祸也。

闭目可以养神，闭口可以防祸。"闭起来"的功效如此之大，而有时我们偏要"张开"……

《周易》把人口比作袋口，说有时要像封住袋子一样封住自己的口，不要说一句话；只有一言不发，才不会伤害到自己，虽然缄默势必得不到赞美。"括囊，无咎无誉。"《象》曰：'括囊无咎，慎不害也。'"（《周易·坤》）

君子洗心，退藏于密

一天，年轻人欢天喜地地跑到老人面前说：

"我有个重要消息要告诉你……"

老人打断他：

"你确信消息真实吗？"

那人回答：

"我也是刚从街上听来的。"

老人又问：

"那么，你如此急于告诉我，有什么特殊的善意吗？"

那人回答：

"这个……没考虑过。"

老人又问：

"那我再问你：你真的认为你要说的消息很重要吗？"

"还不知道。"

"既然如此，我看你还是不要告诉我为好。我倒是建议你下次开口说话前不妨用三个筛子筛一下。"

"什么筛子？"

"第一个筛子叫真实；第二个筛子叫善意；第三个筛子叫重要。"

这是网上流传的一篇题名"三个筛子"的文章（此处有改动）。这则故事提醒人们不要犯"轻言"的毛病。有些人不加反省地乱说，或追求新奇、渴望引人注目，或者人云亦云、没有主见，这种现象在生活中并不少见。我们一天到晚所说的话，究竟有多少是必要的，多少是不必要的，实在难说。如果说话之前真能用老人建议的"筛子"筛一下，不失为一个好的方案。前面我们谈到口舌能生祸端，也知道人言可畏，但要从根本上改变言语不慎的状况，需要自我反省。

常言道："静坐常思己过，闲谈莫论人非。"只有"常思己过"，才能"莫论人非"。如果我们老是静不下来，如何能思己过？《周易·系辞》用"洗心，退藏于密"来总结为人处世时的谨慎、周密。"洗心"，不妨理解为擦洗自己的心，将其中不好的东西除掉。"退藏于密"，即隐退于密室、闭门思过也。与其没完没了地说下去，不如隐身好好反省自己为妙。

《菜根谭》上说：

> 士君子之涉世，
> 于人不可轻为喜怒，

喜怒轻，

则心腹肝胆皆为人所窥；

于物不可重为爱憎，

爱憎重，

则意气精神悉为物所制。

这段话也是讲谨言的。"喜怒轻"，即过于暴露自己对事物的态度，"则心腹肝胆皆为人所窥"，即内心活动被人了解得一清二楚，很容易被人利用。"爱憎重"，指对事物的爱憎过分强烈，"则意气精神悉为物所制"，这样的人受制于物的程度严重，没有超脱的情怀，一旦遭遇挫折，容易一蹶不振。《菜根谭》的目的，绝不是教人圆滑世故、"玩深沉"，而是教人学会保护自我。我曾经自认光明磊落，在人前想到什么说什么，不分场合、也不考虑对象。后来才认识到，说话的学问大得很。也许在自己看来，只是为了表达个人的想法，但是有时候别人所注意到的，并不一定是你的话是否有理，而是从你的言谈来判断你的思想动态、精神面貌、内心世界、性格特点等。如果对方是你的上司或领导，他可能从中听出你这个人是否听话，是否稳重可靠。如果对方是领导，他可能认为你夸夸其谈、不够稳重，不敢信任你，不愿把工作交给你。如果对方是个心机重的人，你的每句话都可能成为他日后对付你的把柄或理由。

有的人说话时性急、沉不住气，很容易激动，也易暴露自己的弱点。有的人说话时爱表现、好虚荣，容不得半点异议，容易让人反感。有的人喜欢自说自话，不注意别人的反应，讨人嫌而不自知。有的人说话时不善于倾听和理解，过于自信和武断，遭到批评时容易走极端。有的人缺乏自信，说话时遮遮掩掩，不能开诚布公。有的人心胸狭隘，说话时疑神疑鬼，对人缺乏信任。有的人言语少，分量重，给人以成熟、稳重、值得信赖和可靠之感。有的人言语不多，心机甚重，说话时窥测着别人，竭力隐瞒自己，给人以虚伪、奸猾之感……总之，不同的人，生长环境不同，性格气质各异，说话方面的问题也各不相同。但有一点也许是共通的，那就是谨言。谨言包括事先事后多自省。《格言联璧》中有言：

> 人知言语足以彰吾德，
> 而不知慎言语乃所以养吾德。
> 人知饮食足以益吾身，
> 而不知节饮食乃所以养吾身。

真机、真味要涵蓄

无言是一种力量，含蓄也是一种力量。明人吕坤云：

> 真机、真味要涵蓄，
> 休点破。
> 其妙无穷，
> 不可言喻。
> （《呻吟语》）

有些人不懂得含蓄，不善于运用语言的力量。话匣子一打开，就没完没了；说到后来，添油加醋、望风捕影，乃至摇唇鼓舌、惹是生非，全无深意矣。

人们之所以有时说话啰唆，是由于不相信自己话的分量。孔子曾告诫说，其实，一个人所说的每一句话，都可能在这个世界引起反应，要么是好的反应，要么是坏的反应。即使是深居简出，如果你的话深邃、智慧，在千里之外都会得到响应，更何况那些近在身边的人。反之，如果没有道理，即使是千里之外的人也可能批评你，更何况你身边的人？一个人所说的话，不可能不影响到他人；一个人所做的事，往往波及他方。个人永远是宇宙的一部分，并深刻地依赖于整个宇宙的律动。故曰："言行，君子之所以动天地也。"（《周易·系辞》）岂能不慎？孔子所说的"一言可以丧邦""一言可以兴邦"（《论语·子路》），同样是告诫人们不要随便言语。

朱熹是我国历史上最杰出的教育家之一，一生培育了大批弟子，他的学说后来主导中国学术潮流七八百年。一次一个名叫胡季随的人来向朱熹求学，朱熹让他回去读《孟子》。几天后胡季随见到朱熹，朱熹问他对《孟子》中的一句话如何理解，胡季随如实回答。朱熹认为胡季随理解有误，批评他鲁莽，不够用心，让他回去继续想，直到想明白为止。胡季随回去后左思右想，不得门径，苦不堪言，以至于病倒。直到这时，朱熹才告诉他《孟子》那句话的真谛。黄宗羲在《明儒学案》中提及此事时说：

> 古人之于学者，其不轻授如此，盖欲其自得之也。

即释氏亦最忌道破，人便作光影玩弄耳。

黄宗羲的意思是，朱熹之所以不轻易道破，是因为只有自己领悟出来的东西才会在心中留下深刻的印象。如果轻易道破，听者反而会视为儿戏。

《礼记·曲礼》上说：

> 为人臣之礼，不显谏，三谏而不听则逃之。

这句话是说，身为大臣的人跟国君说话时，不一定要说得太直白，最好是点到为止。如果君王不能领悟，说明他的理解力差，或者他与你思路不一致，既然如此，还有什么必要再干下去呢？

直方大，不疑其所行

主张谨言，绝不是叫人在任何情况下都不说话，或一味含蓄、故作深沉，乃至谨慎得连个性都没有了。只要一个人不是张扬、自负、刚愎自用，而是能耐心倾听别人，设身处地理解别人，经常反省自己，坦言、直言就可以，至少比潜言、谗言好得多。

方孝孺（1357—1402）是明代大儒，官至翰林侍讲、翰林学士、文学博士。明朝开国皇帝朱元璋临终前下诏传位于皇太孙朱允炆，史称建文帝或惠帝。方孝孺深得建文帝信任，建文帝读书有疑，即召讲解。凡遇国家大事，常命孝孺就坐于前批答。建文帝削藩惊动了朱元璋第四子、北平燕王朱棣。朱棣以"清君侧"

为名，起兵讨伐朝廷。由于他能征善战、有勇有谋，以及建文帝轻敌、将帅无能等原因，经过三年的战争，朱棣攻陷了南京城，烧死了建文帝，取而代之，即后世之明成祖（又称永乐皇帝）。

据史书记载，朱棣起兵南下之前，手下谋士姚广孝建言："日后若能攻下南京，不要杀方孝孺。此人是天下读书人的种子。"燕王点头认可。待朱棣一切准备停当，需要请人写即位诏书时，有人告诉他此诏非方孝孺写不可：一、方孝孺是"天下第一支笔"，只有他写诏书，才孚人心；二、方孝孺是建文帝手下最亲近的大臣之一，如果他写了诏书，等于倒戈相向，这对于建文帝手下旧臣乃至天下读书人的归顺，异常重要。于是朱棣传令方孝孺过来面见他。只见方孝孺来时披麻戴孝，悲恸声响彻殿陛。燕王降榻慰问曰：

> "先生毋自苦，
>
> 我只是想效法周公，辅佐成王。"
>
> 孝孺曰："成王安在？"
>
> 燕王曰："他自焚而死。"
>
> 孝孺曰："为何不立成王之子？！"
>
> 燕王曰："国君不能幼弱。"
>
> 孝孺曰："为何不立成王之弟？！"
>
> 燕王曰："此朕家事。"
>
> 说完让左右授笔札曰：
>
> "诏告天下，非先生动笔不可。"
>
> 孝孺投笔于地，且哭且骂曰：
>
> "死即死耳，诏不可草！"

燕王曰："你敢不写，我灭你九族！！"

孝孺曰："不写就是不写，灭十族也不写！"

燕王大怒，将刀子插入孝孺口中，从两侧划至两耳，然后锢之狱中。下令大收其朋友门生，每收一人，辄示孝孺，孝孺不屑一顾，慨然就死，作绝命词曰：

> 天降乱离兮孰知其由，
> 奸臣得计兮谋国用犹。
> 忠臣发愤兮血泪交流，
> 以此殉君兮抑又何求。
> 呜呼哀哉兮庶不我尤。

最后孝孺被凌迟处死于聚宝门外，死时年仅四十六岁。据史书记载：燕王朱棣下令抓捕其妻郑氏时，发现其妻与诸子皆已上吊。朱棣下令削平所有方氏之墓，将方氏十族统统抓来，一个不留。每抓来一位，就当面质问方孝孺，孝孺坚持不从。等到方孝孺母族林颜清、妻族郑原吉等九族既戮，依然不从。最后将其朋友门生等合为第十族，凌迟处死于市，死者达873人，其他连坐、戍边而死者不可胜计。孝孺季弟方孝友就戮时，孝孺目之泪下，孝友口占一诗曰：

> 阿兄何必泪潸潸，
> 取义成仁在此间。
> 华表柱头千载后，
> 旅魂依旧到家山。

方孝孺在权威和强暴面前不屈不挠的气概，生动地体现了儒家学者壁立千仞的人格[1]。尽管也有不少现代人指责方孝孺死于愚忠，但无法否认他是为了捍卫自己的信仰而死，捍卫国家政权赖以稳固的基石（即王位继承制）而死，后者无疑比他家族的私人利益更重要。今天有几个人能有他这种坚定的信仰和崇高的自我牺牲精神？今天，我们对方孝孺的了解，不仅依据他的行为，也可依据他与朱棣针锋相对的对白。《周易》有言道：

> "直方大，
> 不习无不利"，
> 则不疑其所行也。

"直"指正直；"方"指不圆滑；"大"，可以指人格的高大、伟大，也可指胸襟博大、气象宏大。《周易》中的这句话提出了自我表达的三原则，即"直""方"和"大"，"直"和"方"分别取之于前面谈过的"敬以直内"和"义以方外"。能够"直内"和"方外"，才能成其"大"。这与孟子讲"浩然之气"时主张"以直养而无害"的思想是一致的。儒家修身思想的另一个方面不是教我们什么做人的法术、技巧、谋略，而是刚毅正直、棱角分明、胸襟博大。做人虽然有时要讲究策略，需要多反省，但也不是绝对的。当你遇到了突发事件或陌生事件，要相信：只要你心底光明，没有私心，不要阴谋、搞诡计，就不必太害怕，可以大胆地走下去。这就叫"不习无不利，则不疑其所行也"。这句话对于那

---

[1] 事见《明史纪事本末》第4/20册。

些正直无私、胸怀坦荡的人来说，无疑是莫大的安慰和激励。

"直言"的重要含义之一就是真实地表达自己。我们在平常生活中很少需要方孝孺那样激烈的言语，但并不等于我们不需要直言。人不能总靠说假话过日子，不真实的交流终究维持不了太长时间。尤其是跟与自己最亲近的人（比如恋人、爱人、同学、同事、朋友等）交往，今天在这方面压抑了自己，明天就可能在另一方面反弹，包括出现一些过激的、情绪化的言行。恋爱、婚姻可能也是考验一个人的真实本性和人格修养的最有效途径，因为一个人再怎么隐瞒自己，在自己的亲人、爱人面前终究会隐瞒不住。只有敢于平时在言谈中真实地面对自己，向自己的亲人、爱人真实、完整地表达自己，才能在生活中找到持久的幸福和快乐。另一方面，在一些重要的人生事务上，学会如实表达自己的感受，不必太顾忌他人能否接受，有时可能比什么都重要。因为把自己的正确想法表达出来，可以带来心理的放松和愉悦，是身心调节的重要手段。有些人与人交谈时，过于在意对方的反应，以至于很多时候本该直截了当地说出自己的真实想法，却没有说出来。这样会给自己的个性带来不少问题，其中最重要的就是心理上的自我压抑，以及由此所产生的极端、偏激行为。如果一个人的性格比较容易冲动，直言不讳地表达自我有可能严重破坏自己的心理平衡，而这时若不表达自己的真实想法，又会给自己带来无法接受的心理创伤，在这种情况下最好能学会以平和、非情绪化的方式来表达自己。有的人死要面子，一味地在人前展现自己的优点，永远不敢与人交流心中最脆弱的地方，这样也会带来心理的压抑，甚至造成人格的扭曲。此外，有些涉及自己做人原则的大是大非问题，如果不真实地表达自己的看法，会造成心灵的创伤，这时一定要不惜一切代价真实、完整地表达自己的看法，而不能太顾忌后果。你也许认为方孝孺的言辞过于激烈，是不是有更好的表达方式。但是方孝孺的言辞也许是在当时情境下体现其个性的最好方式，尽管别人在同样处境下可能不会像他那么激烈，所以黄宗羲称方孝孺的死为"激于义"（见《明儒学案》）。对我们来说，则会因为他而对儒家在培育人生信仰方面的作用有新的认识。

巧言令色，鲜矣仁

太子申生是晋献公[1]之子，为人厚道，没有野心，晋国大夫多与之亲近。但晋献公从骊戎国娶来骊姬后，宠爱不已。骊姬想立己子为君，一再给献公吹风。献公受其影响，想把申生废了，苦于找不到借口。于是在骊姬的导演下，一场又一场针对太子的阴谋出笼了。先是骊姬说服献公，让太子驻守曲沃（当时晋国除国都之外最大的都城），为将来加害于他提供借口。接着又让太子担任"下军将"之职，命其带兵攻打非常强大的东山皋落氏，明知不可行，硬要他把敌人消灭干净。申生感到不妙，问手下人：

"我是不是快要被废了？"

---

〔1〕晋献公，春秋时期晋国国君，名诡诸，晋武公之子，鲁庄公十八年至鲁僖公九年（前676－前651）在位。

手下人有的劝申生战死，有的劝其逃走，后因狐突之谋躲过一劫。一天，骊姬对太子说：

"昨晚你父亲梦到你生母了，你快去祭祭她吧！"

太子祭毕，将祭品呈献于国君。骊姬趁献公田猎在外，在祭品中下了剧毒。晋献公回家后看到祭品，骊姬要他试了再用。结果，用祭品洒地，地面开裂；喂狗，狗倒地而死；喂小臣，小臣当场毙命。骊姬呼天抢地，哭道："太子真是太狠心了！为了早日即位，多等一天都不愿意，连生父都敢下毒手，将来我们母子可怎么活啊？"晋献公恼羞成怒，杀了申生的老师杜原款，申生逃到了新城。

晋人都知道这件事是骊姬的阴谋。有人对太子说：

"既然这件事不是你干的，何不找你父亲辩解呢？"

申生说：

"君父没有骊姬，吃不香，睡不稳。他这么大岁数了，我怎么忍心让他不开心呢？"

"那你为何不逃走呢？"

申生说：

"那样，他更认为是我干的。"

鲁僖公四年（前656）十二月戊申，太子申生缢于新城。

鲁僖公九年（前651）九月甲子，晋献公卒。晋人连弑二君，骊姬的两个儿子皆死于非命，此后晋国的政局一直动荡不安，内乱一直延续到鲁僖公二十四年（前636）晋文公重耳归国执政后才真正平息。

像骊姬这样工计进谗、害人终害己的人，在历史上和小说中都屡见不鲜，乾隆手下的和珅、《红楼梦》中的王熙凤都属于这类人物。在现实生活中，虽然这样极端的例子不多见，但是类似的现象还是不少的。所以孔子一生教育学生言行要敦厚踏实，多做事、少说话，尤其反对巧言令色。子曰："敏于事而慎于言"（《论语·学而》），"多闻阙疑，慎言其余"（《论语·为政》）。子曰："刚毅木讷，近仁。"（《论语·子路》）。意思是人品憨厚、实在的人不喜欢专做表面文章，所以往往拙于言辞。而那些能言善辩、花言巧语之徒，往往人品不端，即"巧言令色，鲜矣仁"（《论语·学而》）。有些人为讨好权贵，昧着良心说话，与世俗同流合污，最为可恨（"乡愿，德之贼也。"出自《论语·阳货》）；有些人没有主见，喜欢道听途说，实不可取（"道听而途说，德之弃也。"出自《论语·阳货》）；有些人表面上一本正经，肚子里空空如也，与小人也没有什么区别（"色厉而内荏，譬诸小人，其犹穿窬之盗也与。"出自《论语·阳货》）。

世风之狡诈多端，
到底忠厚人颠扑不破。
（《围炉夜话》）

别看世道陵夷、人心狡诈，最终成功的还是忠厚之人；莫叹风俗败坏，人们夸富竞奢、争相炫耀，回头想想还是清贫淡泊的时光趣味深长。

趋炎虽暖，
暖后更觉寒威；
食蔗能甘，

甘余便生苦趣。

（《菜根谭》）

有的人趋炎附势，虽然得到了一时好处，但是说了那么多假话，做了那么多违心事，事后想想，难道心中不觉得凄凉吗？不如立志于清贫中发展、在淡泊中追求，这样反而会少一份世态炎凉的感叹，多一份人生意义的体验。

孔子又说：

> 浸润之谮，
>
> 肤受之诉，
>
> 不行焉，
>
> 可谓明也已矣。
>
> （《论语·颜渊》）

所谓"浸润之谮"，就是利用长时间与某人的亲近关系，有计划、有预谋地去影响对方（如骊姬之影响晋献公、和珅之影响乾隆、王熙凤之影响贾母），一点一滴地把自己的动机渗透到另一个人心中，以便达到对自己有利的效果。这是指有的人心机过人，深知直截了当地说话别人接受不了，于是采取迂回的办法慢慢地达到自己的目的。所谓"肤受之诉"，是指告诉别人自己的切肤之痛，极尽夸大之能事，把自己说得很惨很惨，以便博得他人同情，或让人站到自己一边。有些人为了讨好当权者，用尽了心思，使尽了伎俩。所以孔子说，做人要有智慧，要能够洞察小人，不受其误导，可谓"明"矣。《中庸》中说舜有"大知"，理由之一是说他"好察迩言"，这说明舜能洞察身边人说话的目的和意图，不受谗言的影响。《孟子》认为人有什么样的用心，自然会有什么样的语言；因此，知其心自然能知其言（《孟子·公孙丑》）。清人金缨所编《格言联璧》上的如下几句尤其值得玩味：

> 轻信轻发，
>
> 听言之大戒也。
>
> 愈激愈厉，
>
> 责善之大戒也。

心定者，其言重以舒

> 心定者其言重以舒，
>
> 不定者其言轻以疾。
>
> （《近思录》卷四）

这句话很值得玩味。"重以舒"与"轻以疾"相对。"重以舒"，指言辞舒缓、镇定、不激烈；"轻以疾"，指言辞轻率、急迫，甚至过激。"心定"与言辞确实有关系：一个性情温和、精神安定、心理和谐的人，说话有时像行云流水一样舒缓、自然；一个性格急躁、情绪多变、心中烦恼的人，说话时容易迫不及待、言辞激烈，甚至大动肝火。情绪急躁的人和人说话，有时听不进别人的话，不善于理解他人，容易引起误会、产生摩擦。情绪不安定的人和人说话，说起话来没完没了，恨不得编出话茬来把别人拴住；由于不善于慎独自处、静坐沉思，易给人浅薄、轻浮的印象。有的人虽不苟言笑，心机较重，说话时也容易激动，但会掩饰自己，常人不易发现。有的人心直口快，从不掩饰，说起话来容易激动、甚至情绪失控，在遇到自己不能接受的突发性事件时，容易破坏身心，损害健康。

凡此种种，都与人的性格有关。语言是心灵的声音，心中处理不好的事情，言语中迟早会以种种方式流露出来；而要在心中把种种问题想通、想透、想开，在很大程度上取决于个人涵养。有时之所以可从一个人的言谈举止来判断他（她）的修养程度，原因也在于此。儒家修身学说把性格的培养当作首要任务，认为性格成熟、完善的标志之一，就是说话时舒缓、镇定，随时能把握和调整心态，从不轻易让情绪失控。当然，除了性格之外，人品端正、光明磊落、心胸坦荡对说话也有至为关键的影响。一个人只要没有私心、贪心，说话自然放松、自然。一个人心胸开阔，心理承受能力强，说话时自然不会过于敏感，不易与人产生误会。一个成熟稳重、通达人情世故的人，自然比较能理解、体谅别人，能站在他人立场想问题，容易与人沟通。古人云：

> 有才而性缓，
> 定属大才；
> 有智而气和，
> 斯为大智。
> （《格言联璧》）

善哉斯言！

儒家经典《大学》中有一段话，是专门讨论一个人的脾气、性情与"心态"的关系的。[1]大意是说，如果一个人老是情绪不稳定，或动不动牢骚满腹，或整日自叹怀才不遇，或沉迷于某种特别嗜好而不能自拔，或过于忧心忡忡，这些都说明他心态有问题（"心不正"），需要调节。对于这段话，我是有相当深的体会的。记得十余年前，我博士毕业后来北京，在一家研究所工作，专业不对口，月收入也只有六百多元。那时社会上流行着一些说法，如"教授教授，越教越瘦""造原子弹的不如卖茶叶蛋的，拿手术刀的不如拿剃头刀的"。当时的社会风气是"全民经商"，"下海热"盛行，我的一些同事、同学、朋友也都纷纷下海了。像我这样学历比较高的人，在研究所工作，收入微薄，加以感情上失落，工作方向未明，看不到希望在哪里。但是毕竟通过几十年努力建立起来的学术爱好，一下子放弃不了，我不可能走下海经商的路。在这种情况下，我真是体验了"百无一用是书生"的滋味，成天忧愁郁闷，牢骚满腹，看什么都不顺眼。曾几何时，"书生意气""粪土当年万户侯"（毛泽东《沁园春·长沙》）何尝不是我的写照。但如今，往日的万丈豪情和雄心壮志，都在一夜之间灰飞烟灭了！

正是在人生彻底走入谷底的时候，我开始接触儒学。在别人建议下，我把《大学》《中庸》两本书抄下来，反复背诵，《大学》"意诚而后心正、心正而后身修"这几句话给了我巨大的震

---

[1]"身有所忿懥则不得其正，有所恐惧则不得其正，有所好乐则不得其正，有所忧患则不得其正。心不在焉，视而不见，听而不闻，食而不知其味。此谓修身在正其心。"（《大学》）懥，音志，怒也。

撼，让我开始彻底地重新反省自我，面对人生。在一个特殊的夜晚，我忽然意识到，多年来自己所追求的事业，所梦寐以求的理想，多半建立在"心不正"之上，这才有了现在的郁闷和牢骚。为什么这样说呢？从小到大，我这个别人眼中的"好苗子""好学生"，度过的都是充满虚荣的时光。久而久之，学业上的成绩、他人的赞赏、众人的评价等等，成了我内心深处对自己价值的唯一衡量标准，也成为我前进的主要精神动力。如今，当命运将自己抛入绝望的荒漠，过去的一切"光环"只能用来印证现在的寒酸、窘迫和一无所有，我才突然发现自己有了那么多"忿恨""恐惧""好乐"和"忧患"。

　　我当时感觉到一个问题——从小到大我从来没有为自己读过书，所谓的"心不正"就表现在这里。老师同学们的赞美、亲友们的羡慕，使我习惯于生活在别人的目光中，以致我曾在多年的生活中渐渐形成了这样的心态，把别人的激赏、师长的赞叹、胜利的光环等看作自己最大的精神满足和潜意识中暗暗追逐的理想。一个在事业方面完全为别人而不是为自己活着的人，是没有底气的。因为他的工作并不能在他内心深处唤起强大的激情，因为他不能从职业的追求中感受到生命的无穷魅力，更不能在真理光芒的永恒照耀下不断超越自身的局限。正因为自己的心迷失了多年，一直是在向外求而不是向内求，所以一直不曾将主要精力放在追求自我的完整上，而是追求使自己成为一个风云人物、一个站在时代风口浪尖之上的人，说穿了都是因为自己太自私、太以自我为中心了。也正因如此，当生活遇到波折，当自己读的书不能带来光环，当时代的潮流不再追捧自己的事业的时候，我就感觉到自己人生的所有支柱彻底崩溃了。我突然一下子感觉无所适从，生命就像那断了线的风筝四处游荡，找不到归所。认识到这些问题后，我痛下决心，就像抓住一根救命稻草一样抓住儒家思想，宁可牺牲自己奋斗多年得来的所有头衔、名誉、职位，不惜一切代价也要抓住自己内心深处真正的需要，从一个全新的起点开始奋斗和追求。这正是《大学》中"正心"二字给我启发的巨大效果。

今天，回忆自己人生中的这段艰难岁月，我再次认识到坚定的信念对人生来说是多么重要。而要树立起坚定的信念，必须从"正心"做起。孔子曰："君子安其身而后动，易其心而后语，定其交而后求。"（《周易·系辞》）"安其身"，即"安身立命"，就是要有坚定的人生信念。只有树立起坚定的人生信念，才能百折不挠，"衣带渐宽终不悔"，才能真正有所作为。这才叫"安其身而后动"。有了坚定的人生信念，才会有平和的心态、良好的精神面貌，才不会在与人的交往中有那么多"忿恨""恐惧""好乐"和"忧患"，这就叫"易其心而后语"。有了坚定的人生信念，良好的精神面貌，方能确定自己在事业和生活方面的具体要求和标准，包括该与什么样的人接触和往来、从哪里一步步踏踏实实地做起，这就叫"定其交而后求"。因此，孔子认为这三方面代表了君子修身的自全之道。

聪明才辩是第三等资质

有一次，孔子对学生说：

"我什么也不想说了。"

子贡一听急了：

"老师，你不说话，我们还能说什么呀？"

孔子就说：

"你看看'天'吧！你什么时候听见'天'说过一句话？'天'从不说话，但我们却看到了四时有规律地交替、万物有生机地生长。如此伟大的事业，不都是在不声不响之中完成的吗？"（《论语·阳货》）

人生的价值取决于内在沉淀，事业的成就依赖于做人功夫；修养不是一朝一夕形成的，需要天长日久的积累；沉不下心来，整日在口舌上做文章，终究无益。

有的人喜欢张扬，唯恐他人不知。做人越是张扬、显耀，越不会长久，这叫作"的然而日亡"。

有的人从不张扬，默默无闻地做事，脚踏实地地做人，虽然不为人知，但在岁月的流逝中逐渐显示出自己的实力，最终赢得了社会的认可、他人的欣赏，这就叫"闇然而日章"。

> 使人有面前之誉，
> 不若使其无背后之毁；
> 使人有乍交之欢，
> 不如使其无久处之厌。
>
> （《小窗幽记》）

与其让人在表面上说你好，不如不让人在背后说你坏。与其追求相处一时的欢欣，不如追求相处长久的意境。在人与人的交往中，有时候，你的"光荣与伟大"会让人受不了。如果不是出自对他人的真诚和爱，有些话可以不说，以免制造不必要的嫉妒和不满。很多人在同学或朋友聚会时，制造了很多不必要的恩怨和矛盾，因为他把聚会当成了炫耀个人的机会。

> 深沉厚重是第一等资质，
> 磊落豪雄是第二等资质，
> 聪明才辩是第三等资质。
>
> (《呻吟语》)

在这段话中吕坤把人的素质（即"资质"）分为三等，第一等是"深沉厚重"，第二等是"磊落豪雄"，第三等是"聪明才辩"。让我们先从第三等资质——"聪明才辩"说起。所谓"聪明才辩"，就是头脑精明，会算计个人的利害得失，能小心地规避于己不利的因素，作出最有利于自己的选择；善于用花言巧语赢得上级的欢心，或击败自己的对手。今天的人们，最喜欢看的就是教人如何有智谋的书，实际上就是在学如何"聪明才辩"的"智慧"，有人甚至称其为"狼的智慧"而大加宣扬。当他们私下交谈时，也多半在炫耀自己的各种小聪明和成功的小伎俩。这些人津津乐道的东西，说穿了就是吕坤所讲的四个字——"聪明才辩"。在我们这个信仰失落的时代，"聪明才辩"已成为主流。在这样的时代氛围下，我们从小就在学习各种对付别人的技巧和方法。比如，谈恋爱的时候想着用什么样的手段来博取对方的欢心，谈恋爱成功后喜欢在同学同事面前炫耀恋爱的成就；找工作时，想到的只是如何掩饰自己的弱项，博取他人的信任。如果事业有所成就，自认为高人一等，就喜欢在亲友们面前展现自己如何不同凡响。做学生的在一起交流如何对付老师，做老师的想着如何蒙学生。做下属时想着如何应付领导，做领导时想着如何对付下属。做生意时只想着千方百计骗取客户的信任，做客户时绞尽脑汁逼生意人让步，哪怕对方多让一点儿也无比高兴。亲朋好友聚会时，常常会交流各自的"成功经验"，其实不过是一些骗取他人信任的手段。

吕坤显然是非常瞧不起"聪明才辩"的。他认为"磊落豪雄"和"深沉厚重"都比"聪明才辩"好。所谓"磊落豪雄"，可理解为侠肝义胆、一诺千金，为兄弟朋友的事可以两肋插刀、奋不顾身，为道义的事业赴汤蹈火、大义凛然。这种人胸襟坦荡，不贪一时一事之利，不计当下得失，言必信、行必果，所以磊落。这样的人让人崇敬，但是仍然比不上"深沉厚重"。所谓"深沉厚重"，可指那些有雄图大略的人，对人生有高屋建瓴的把握，对他人有强烈的责任感和同情心，对自己的性格修养有严格的要求和深厚的积累。"深沉厚重"比"磊落豪雄"更能做成大事。"磊落豪雄"虽然可敬，但也有一定的局限性。关羽、张飞可以说是"磊落豪雄"的典型，而相比之下诸葛亮也许可算得上是"深沉厚重"了。诸葛亮形容关羽和张飞是"万人敌"。但是，治国安邦、经纶天下不是"万人敌"所能承担的。诸葛亮不会舞刀弄棒，但是治国安邦、经纶天下的韬略使他能成为十万人敌、百万人敌，甚至千万人敌。这靠的不是"聪明才辩"，也不是"磊落豪雄"，而是"深沉厚重"。今天的你，或许也希望自己轰轰烈烈过一辈子，做个不平常的人，但是与此同时，却又沉浸于"聪明才辩"。

> 安详是处事第一法，
>
> 谦退是保身第一法，
>
> 涵容是处人第一法，
>
> 洒脱是养心第一法。
>
> （《小窗幽记》）

这段话虽未提到谨言，却体现了谨言的必要。韬光养晦，以屈求伸，何必费那么多口舌。汉人爱玉，常以玉喻君子，因为玉放得时间越久，越有魅力。

古人常常讲，做人要大气，要有格局，所谓"气象要高迈"。一个人的人格局能达到什么样的程度，决定了他一生能成就什么样的事业。"聪明才辩"可以在一些小的事情上，或短期项目上，获得成功，但是终究成不了大事。最可笑的是，很多人明明只是个"聪明才辩"之徒，却自认为不同凡响，常让人感觉不可一世。

第九讲 致 诚

唯天下至诚，

为能尽其性。

——《中庸》

网络时代，玩的就是心跳

在商海中奔波折腾，在职场上起伏浮沉，在都市摩肩接踵的人群中，我们感到前所未有的压力和不适。我们看惯了市井泼皮的吝啬鄙薄，商场争战的不择手段，看惯了虚伪的面具和着意的伪装，以及麻木的嘴脸和狡诈的阴谋，我们的心中，留下了一道道难以抹去的伤口。于是，我们在这个世界逐渐成熟，我们用鄙薄回击鄙薄，用虚伪欺骗虚伪，用圈套攻击圈套，在弥天雾障和喧嚣人流中，我们的心就像一块被风化了的岩石，逐渐失去了它原有的光泽。

在真诚上的退却，紧跟而来的是在战略思考、人生意义上的短视。我们发现自己的思考能力在丧失，我们无法洞悉隐藏于事实背后真实的动机和事情的真相。我们越来越浮躁和浅薄，无法进行深入的思考，再也没有那种恬静、安宁、发自内心的快乐、舍我其谁的气度、妙语连珠的谈吐和心有灵犀的沟通了。我们能相信的人越来越少，能看透的事越来越少，能驾驭的资源也越来越少了。

没有了真诚，我们不但无法说服比自己更不真诚的人，因为他们认为你的话本身就是假的；我们也说服不了比自己真诚的人与我们并肩作战，因为他们对我们缺乏信任；我们甚至无法说服我们自己，无法去鼓起十足的勇气，攻克前进中的困难，笑对人生的挫折。我们的目标变成了一种肮脏的交易，我们成了一只为争夺名利而进行厮杀的猎鹰，我们活着也只是一个名利的附属品。我们的世界变成了一个彻底的名利场，一个血淋淋的屠宰场，一个人间的战场。我们每天拖着疲惫的双腿在都市中穿行，像一具行尸走肉，和恋人同床异梦，和朋友互相猜忌，和客户尔虞我诈，和社会防意如城。因为我们对自己内心真正的需要熟视无睹，连自己对自己都缺乏认同，常常觉得肮脏猥琐、不可理喻，开始嫌恶自己，怀疑自己了。失去了真诚，其实就失去了前进的勇气，失去了人生赖以生存的原动力，失去了生存的意义了。

真诚的可贵，使人人都渴望真诚，然而现实的挫折又让人退避三舍，把自己封闭起来，不敢付出真诚，真诚成了这个世界上最为稀缺、最为宝贵的资源。迄今为止，人类还没有找到比真诚更为有力的武器、更为巨大的力量、和更为宝贵的财富。真诚的威力是如此巨大，它已成为一个人存在、一个组织存在，和整个宇宙存在的核心价值，和最坚不可摧的精神内涵。

上面这篇文章从一个方面向我们描绘了当今的世道。[1]

目前国内出现了一种叫作"网络同居"的现象，两个不相识的人，通过网络认识后互诉衷肠，并建立起"网上夫妻"关系，即双方在网上互称对方为爱人，无所不谈，但在现实中则可能另有恋人、爱人或伴侣。据说不少人从"网络同居"进一步发展现实同居，但多半不会长久。有人指出，网络婚姻的最大好处就是自由自在，不受时空限制，没有他人干扰。"房子住厌了，换；车子开腻了，换；爱人无趣了，换……一切尽在自己的掌控之中。""快餐时代，造就了快餐文化，快餐文化又造就了快餐婚姻"。[2]正如一位网友所说的，如今网络已成了个大染缸，上网交友的人怀着各种不同的目的，"用他们特有的、警惕的、入木三分的眼神搜寻着自己需要的猎物"，有的找一夜情，有的找激情视频，有的找爱人，有的找情人……不少人利用网络发展婚外情，搞多角恋爱，甚至骗取他人钱财，也有不少人通过网络建立了正式恋爱关系。[3]

我不想对网络同居或网上交友下一结论，真正有趣的是这一现象背后的"人"。现代人在感情生活中对他人缺乏真诚，不想因为爱而束缚自己，不想对他人负责任，所以才导致越来越多的年轻人利用网络、一夜情或其他手段来麻痹自己。这就是为什么网络同居或其他新型的刺激方式会令那么多人兴奋不已。对自我的

〔1〕萧雁. 真诚的力量：读许金声《活出你的最佳状态》有感 [EB/OL]. (2004-10-06). www.hongxiu.com.

〔2〕极品茶壶. e 时代的成人游戏：网络同居玩的就是心跳 [EB/OL]. (2007-10-12). www.phoenixtv.com.

〔3〕午夜女郎. 那次激情的网络同居 [EB/OL]. (2007-10-18). www.mop.com.

放纵，是心灵空虚下的无奈选择。多年来养成的习惯，周围环境特别是流行风气的影响，已经使我们沉不下心来，也没有丝毫耐心仔细思量生命的意义和最真实的需要。不少人确实可能通过网络找到了终身伴侣，但相当多的人都只想玩一玩，有的虽然结了婚，也相互猜疑，缺乏信任，乃至不能长久。

我们似乎生活在一个人人自危的年代，无论男人女人，都在担心、恐惧。男女之间缺乏彻底的坦诚，每个人都学会了一套如何在交往中自我保护的技巧，学会了如何有效地封闭自我。在这种情况下，人们日益把精力放在那些当下可见的利益追求和博弈中。有人说，现代人只求一时的放任自由，而不追求感情的厚重深沉。难道不是这样吗？但是，在肤浅的感情游戏中，人们不会真心地爱另一个人，也导致了大量问题。人们在亵渎"爱"这个词的同时，也时常使自己陷入深深的迷惘和焦虑之中，尤其当他们特别需要从别人那里得到关心、照顾或温暖的时候。因为我们都知道，尽管人们在感情生活方面多不愿对别人负责任，却同时特别希望别人对自己百分之百地负责任。

唯天下至诚，为能尽其性

我们在暗夜里奔跑，

我们在泪水中燃烧，

我们在选择中忍受冷漠，凄凉，猜忌，感伤，任痛

苦煎熬，

我们蒙幸运之神垂青，蒙不幸之神哀悼，

我们扬起的风帆，深一脚浅一脚，迷雾中，时低时高，

这时，你口干唇焦，

这时，你盼东方破晓，

这时，你渴望天降甘霖在你心灵的城堡，

这时，你期待阴郁的生命里，能够迎来一片金色的夕照，

你焦急，你等待，你彷徨，

那么这时的真诚，就是这宽容，慈祥，和平，友爱中，最嘹亮的鸽哨。[1]

以上摘自一首诗，诗名叫"真诚的力量"。

有个小孩眼睛瞎了，村里都叫他盲孩子。盲孩子很寂寞，没人肯和他玩。他常常自言自语："谁跟我玩儿呢？"

"我跟你玩儿呀！"一天，他忽然听到一个声音，这声音来自他的影子。

从此，盲孩子常常跟自己的影子一起玩，听牛儿哞哞叫，听羊儿咩咩叫，还攀上山坡去采摘野花野果，走过小木桥听潺潺的流水声。

影子带给他温暖，影子带给他幸福。

有一天，他们俩一起在外面玩时，一声霹雳炸响，

---

[1] 花语（网名）. 真诚的力量 [EB/OL]. (2002-08-19). www.club.163.com.

　　风夹着雨，雨带着风来了。盲孩子孤零零地站在旷野上。

　　"我的影子呢？我的影子呢？……"

　　盲孩子呼唤着他的影子，没有回应，只听到风声和雨声。他跟跟跄跄地往回走，跌倒在水坑里。

　　盲孩子哭了，哭得好伤心。

　　哭着哭着，不知过了多久，风停了，雨住了，他惊奇地看到了一个陌生而美丽的世界。

　　他看见天上出现了弯弯的彩虹。

　　他看见了各种颜色的花朵。

　　还有绿草。

　　还有草叶上明亮的露珠。

　　他的影子就站在他身边，和他手拉着手。

　　人们说，他们像一对孪生兄弟。

　　他俩说，我们都是光明的孩子。

　　金波写的《盲孩子和他的影子》的故事（此处有删改），赞美了对光明的追求和真诚的力量。

　　《中庸》曰："至诚无息。"至诚的力量恒久不息，终将在外部世界产生强大的效应。我们几时能拿出儿时的童真来面对这世界，摒弃人世的虚伪与狡诈，活出自己的本真来？

　　《中庸》又曰："唯天下至诚，为能尽其性。"所谓"尽其性"，指活出自己的真实本性来。信哉，斯言！在现代人的疯狂背后，我们看到了他们身心的疲惫，人格的扭曲，心理的不健康……

总为一"利"字看不破

太子蒯聩是春秋时代卫灵公[1]的儿子，他看不惯灵公夫人南子[2]淫乱，欲杀南子未成，逃到了晋国，投靠在赵简子门下。灵公死后，卫人立蒯聩之子辄为君，史称卫出公[3]。蒯聩出逃后一直觊觎着君位，欲倚仗大国势力归国继位。此时晋、卫交恶已久，晋人也有意扶持蒯聩为卫君，改变两国关系。但几次派兵护送，均未成功。就这样过了13年。

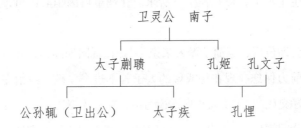

卫国权臣孔悝的生母是蒯聩的亲姐姐，史称孔姬。孔姬丈夫去世后与家臣浑良夫私通，浑良夫长相俊美，且善武功。孔姬命良夫探望蒯聩，蒯聩私下告诉他：

"你若能让我入国为君，我提拔你为大夫，免你三条死罪。"

---

[1] 卫灵公，名元，鲁昭公八年（前534）至鲁哀公二年（前493）为卫国国君。
[2] 南子亦见于《论语·雍也》。
[3] 卫出公，名辄，卫庄公之子，鲁哀公三年（前492）至鲁哀公十五年（前480）及鲁哀公十九年（前476）至鲁哀公二十五年（前470）在位。

于是浑良夫与孔姬合谋，让蒯聩扮作妇人混进孔悝之宅。在孔姬带领下，浑良夫等人将孔悝逼到墙角，强迫孔悝歃血为盟，立蒯聩为君。于是孔悝逐出公，立庄公（即蒯聩）[1]。孔子弟子子路当时是孔悝家臣，就死于这场事变[2]。

卫庄公蒯聩即位后，想把服侍过卫出公的旧臣统统赶走，他对其中一人说：

"我在外流亡了十余年，你就不能也体验一下吗？"

就这样，他很快赶走了三四个旧臣。

庄公对孔悝既竭力拉拢，又充满猜忌，结果他的一个臣下与孔悝发生了冲突，被孔悝手下所杀。孔悝事后因担心出事，逃到了宋国。

庄公即位后，赵简子派人来说："您在晋国期间，是我一直在国君面前力保您。现在您或您的太子若不过来一趟，我怕在国君面前不好交代。"庄公以政局不稳为由，拒绝了赵氏。

庄公问浑良夫："我身为卫国国君，却不拥有先君宝器。如何是好？"

浑良夫说："前任国君本是你儿，不如将其招回，跟太子疾一比，将来谁有才就让谁继位。辄若不才，宝器亦可得。"太子疾是庄公归国后立的太子。

太子疾闻言大怒，他带领五位勇士劫持了卫庄公，强迫庄公答应不招卫出公辄回国，并将浑良夫杀了。庄公说：

---

[1] 卫庄公，名蒯聩，卫灵公之子，鲁哀公十六年（前479年）至鲁哀公十七年（前478）为卫国国君。

[2] 这一年是鲁哀公十五年（前480），孔子于次年（即公元前479年）去世。

"那不行！我答应过免其三条死罪。"

太子疾说："那等我找出三条死罪来杀他如何？"

庄公说："那好啊！"

不久，卫庄公新造幄幕，邀名士共饮。太子建议请浑良夫。良夫身穿紫衣（犯上），吃饭时未释剑（违制），且袒露里服（非礼）。太子令人将其牵出，数其三罪后当场干掉。

一日，庄公夜梦一人，披头散发，面目狰狞，从对面丘墟上空缓缓升起，向着庄公哀叫声声：

> 登此昆吾之虚，
>
> 绵绵生之瓜（gū）[1]。
>
> 余为浑良夫，
>
> 叫天无辜。

庄公大恐，感到大祸快要临头了。

鲁哀公十七年（前478）六月，晋大夫赵简子率大军伐卫。冬十月，晋人复伐卫。卫人抵挡不过，将庄公赶跑，另立了国君。晋军走后，庄公返国，重夺宝座。此时，一些曾遭庄公排挤的旧臣联合起来包围了他的寝宫。庄公躲在宫内，紧闭大门向外求情，外面不答应，只好与太子疾等人逾墙而走，翻墙时摔碎了股骨。就这样庄公一直逃到了戎州，两个儿子被当地人所杀。

慌乱中庄公闯入戎州己氏家里，拿出一块璧，对己氏说：

"救我，璧就是你的。"

---

[1]"瓜"古音当读"孤"，此句指丘墟中瓜蔓绵绵不断地生长。

己氏说："杀你，璧不也是我的吗？"

于是己氏杀庄公而夺其璧。

从前有一次，庄公登城，看见戎州人聚族而居，问身边人："这里是哪个部族？"

身边人答："戎州人。"

庄公道："我是姬姓，要戎氏干什么？"

于是下令把戎州毁了，从此戎州人对庄公恨之入骨。

又有一次，庄公在城上望见戎州己氏之妻，见其头发秀美，下令剃下来给夫人做假发。这才是己氏杀他的主要原因。

综观卫庄公一生，可知其死于何故。做太子时欲杀南子不成，被迫逃亡，或可理解。卫人不计前嫌，立其子为君，理应知足。奈何借大国之力，与子争位，禽兽不如？从庄公与孔悝、浑良夫、赵简子关系可知，他对于别人的恩情，毫无感激之意和报答之诚，唯一关心的就是自己的权位。有其父必有其子，太子疾、出公辄与他几乎一样，寸利必争、寸步不让、骨肉相残，至死也不明白做人的基本道理。就这样，庄公的敌人越树越多，最后不是死于自己的政敌，而是死于戎州人之手，可谓"多行不义必自毙"。

如果庄公能拿出一点诚意来待人，政敌就不可能有那么多，至少赵简子、己氏这两位对其命运产生决定性影响的人，不会成为他的死敌，更不会欲置之于死地。对赵氏而言，当时晋国霸业衰退，齐、郑、卫联合与晋作对，他希望通过卫庄公即位来扭转国际局势；庄公在晋国流亡十余年，其间赵氏想必也在晋侯面前替他担保过，大抵不外说此人忠厚老实、将来必定对晋国有利之类。庄公即位后，本应主动前往晋国拜会，满怀真诚，送上厚礼，上下打点，言语温存，多表感激，一示有情有义，二结大国之好，以为后援。庄公不去，赵氏主动来请，甚至表示让太子疾去一趟也可，言辞当属恳切，态度当属真诚。然而，在庄公心里，此一时也，彼一时也！十多年庇护之恩，早已抛到了九霄云外。从利益上衡量，他也许认为晋国实力已衰，我还有齐国、郑国等盟友呢，再说赵氏曾几次护送他未成。真是典型的见利忘义。

再看己氏。如果说剪灭戎州是一时冲动、轻率所犯的错误，那么令己氏之妻剃发，则是不顾他人尊严，以势压人了。如果他是贤君，自然不可能有此等与民争利的欲望。即使有此欲望，只要稍微变换一下方式，不仅会得到所要之物，且可令己氏终生感激。他应先征求对方意见，以礼相待，以诚相请，重金相谢。这样做非但无损于国君地位，反而会令小民脸上有光，引以为豪。毕竟头发剃了可以再长，而国君拔一毛相赏即可使小民全家富足、并且风光一世，这样两全其美的事何乐而不为呢？显然，庄公所为，让我们看出他何等目中无人。

据史书记载，卫庄公于鲁哀公十六年（前479）至鲁哀公十七年（前478）在位。在位不到三年（哀公十五年就已即位），就驱逐了多位旧臣，撵孔悝，杀浑良夫，剪戎州，得罪之人不可谓不多，其中多数于己有恩有义。从其驱逐旧臣时所言，可以看出他的人品和境界；从其欲得先君宝器，可见其贪利之心。鲁哀公十七年（前478）庄公重回国都后，众人将其包围并驱赶，可见此时他已经众叛亲离，这都是长期贪婪自私、毫无信义结出的恶果。

"人品之不高，总为一利字看不破。"（《围炉夜话》）一个"利"字，概尽人世间多少争端！

反身而诚，乐莫大焉

寒山、拾得是唐代天台山国清寺两位高僧，给后人留下了许多脍炙人口的禅诗，和一段有名的偈语：

> 昔日寒山问拾得曰："世间有人谤我、欺我、辱我、笑我、轻我、贱我、恶我、骗我，如何处治乎？"
>
> 拾得云："只是忍他、让他、由他、避他、耐他、敬他、不要理他，再待几年，你且看他。"

如果有人欺负你，你也许会恨他、骂他、咒他，甚至报复他。如果你选择了忍耐，那也是因为自知没有能力报复他；即使没有报复他，你也会愤愤不平。如果你逆来顺受，可能会被人认为是孬种、懦夫，你会感到耻辱。这是我们多数人的价值观，多年来我们已经习惯了这么认为，从不认为它不正确，即现代人主张的"一报还一报"。

我自己也曾多年一贯坚持上面所说的那种价值观。但是后来，一些人生的挫折才使我真正理解了寒山与拾得对话的深刻含义。很多年前，我因为受人诬陷，心中承受着从来没有过的巨大冤屈，很长时间里精神晦暗、痛苦，终日过着自我压抑的日子，甚至不愿见人。一天，有一位长者走过来，一本正经地跟我说："我送你一句话，你听着。昔日寒山问拾得曰：'世间有人谤我、欺我、辱我、笑我、轻我、贱我、恶我、骗我，如何处治乎？'拾得云：'只是忍他、让他、由他、避他、耐他、敬他、不要理他，再待几年，你且看他。'"他声音浑厚、话语铿锵有力，特别是说到拾得的回答时抑扬顿挫，我在当时的处境下听到这句话，不禁潸然泪下，这段话中的什么东西仿佛打在了我的心坎上。在后来的很多个不眠的风雨之夜，在我感到人生绝望、前途一片渺茫之时，寒山与拾得的对话始终像寒冬中的暖流，温暖着我软弱的心，给我的生命以新的力量，唤起我新的勇气和信心。

这位学人长者的话让我明白了一个道理：生活中很多事情，并不是一定要去反抗的；生活中有些冤屈，并不是一定要去洗刷的。更何况有时候也不是你想洗刷就能洗刷得了，甚至可能越描越黑。这时候我们会被迫去思考很多以前从来没有思考过的问题，如果能过这一关，精神可能会上升到一个前所未有的崭新层次。当一个人内心蒙受了巨大委屈，根本没有办法辩白时，他能靠什么东西支撑下去呢？这是非常考验人的。也许有时，忍受屈辱，未尝不是一种境界；不白之冤，使人痛苦，也未尝不值得回味。有人因为忍受不了屈辱而自杀，有人却在屈辱中学会了重新看待别人和自己，因此变得胸襟更开阔。中国历史上卓有成就的英才们，有几个人不曾遭受过意外的冤屈？从周公、屈原、司马迁、范仲淹……一直到邓小平。他们之所以没有因为屈辱而变得玩世不恭，是因为他们内心深处充满了对这个世界更深沉的爱。多少年来，在寒流来临的子夜，吟诵着寒山、拾得的对话，我一次又一次从中感到欢欣鼓舞；多少个秋风萧瑟的日子里，我被那些曾经备受折磨、"衣带渐宽终不悔"的伟人们感动得哭泣，为这个世界上一切真诚、火热的心灵默默祝福。

我突然意识到：原来中国古代的修道之人，无论是儒学大师，还是佛家、道家的智者们，他们的心胸是何等开阔啊！不是宗教家的伟大情怀，岂能说出寒山、拾得的话来；不是极宽广的胸怀和气魄，焉能在备受冤屈和凌辱时，仍能保持对生活的满腔赤诚和爱！

假如你受到了莫名其妙的冤屈，假如你受到莫须有的诽谤和指责，假如你遭遇了巨大的打击或挫折，假如你成为世人心目中的笑柄，饱受他人的冷眼，一时根本没办法改变，不妨把寒山、拾得的上述对话拿过来读一读，也许你会与我一样感受到鼓舞和震撼的。

所谓"一报还一报"，有时也不那么绝对。人家得罪自己究竟是事实，还是由于自己太敏感，太在意呢？有时候也许倒过来，与其与人争夺，不如多与人些方便；与其忌恨于人，不如学会包容他人。

孟子曰："反身而诚，乐莫大焉。"（《孟子·尽心》）有时只有到了一定的年龄，才懂得真诚的价值；或者，只有在自己真的付出过真诚以后，才懂得真诚待人的必要。而平常，人们更多地想着如何在与他人的关系中证明自己的聪明才智，证明自己的实力，证明自己的过人。"恩义广施，人生何处不相逢。"（《明心宝鉴》）换个角度来思考，与人分享利益，分享财富，分享权力，分享名声，也就是分享快乐，分享幸福。这就叫作"反身而诚，乐莫大焉"。曾子曰："鸟之将死，其鸣也哀；人之将死，其言也善。"（《论语·泰伯》），为什么一定要等到死才出善言？洪应明云：

完名美节，不宜独任；

分些与人，可以远害全身。

辱行污名，不宜全推，

引些归己，可以韬光养德。

（《菜根谭》）

你看出这段话里所包含的真诚之乐了吗？

总之，拾得与寒山的对话，反映的不是懦弱和无能，而是一种人生的境界，以无比广阔的心胸来容纳整个世界的气魄。一个以至诚的心灵活在这个世界上的人，即使是自己的敌人也能容纳；他对世界的爱是如此深沉，不可能对任何人有仇有恨。只因为我们的气量太狭小，才会把个人利益看得太重，跟人生气、记仇。《围炉夜话》有言：

观规模之大小，

可以知事业之高卑；

察德泽之浅深，

可以知门祚之久暂。

（《围炉夜话》）

"规模之大小"指做人的境界、胸襟、气度。"门祚"指这户人家的福气。这段话表达了古人对人生境界高低的一种理解。《中庸》是儒家经典中阐述"诚"最集中的一篇，其中有段话引用《诗经》赞美文王至诚之心之所以能感天动地，是因为他的心"纯一不已"。亲爱的朋友，你是否能从《中庸》等古代经典中获得灵感，对至诚有新的认识？

诚于中，形于外

有的人在批评别人时气势汹汹，咄咄逼人，把别人贬得一钱不值，同时没有倾听别人解释的耐心，对被批评者毫无恭敬之意；而有的人在批评别人时能刻意保持谦卑，心态高度开放，尽量在不伤害他人自尊的条件下委婉而真诚地表达意见。相比之下，两者孰高孰低，一目了然，区别在于一个"诚"字。

我们也见识过这样的人：听他说话，总觉得话中有话，一直绕弯子，当时不明其意，事后回想起来很不舒服。这样的人也许城府较深，或者心机较重。心机重的人和人说话，时刻窥视着别人的内心，试图掌握他人思想，揣摩着如何获得自己想要的东西。与此同时，他心里对你有所提防，千方百计应付，从不轻易表态。因此，要想知道他的真实想法，非常之难。在这种情况下，如果你头脑简单，或一时率真，为了赢得他的真心而吐露肺腑，恰好被他利用。也有些人本质上未必很坏，但因为太要面子，同时太以自我为中心，不懂得尊重别人，说话时想方设法、绕道迂回来展现自己的优异或伟大，说穿了无非为了获得虚荣心的满足。这种人一生致命的问题之一就是不自信。这两种人的病根子在我看来都是不知道以诚待人。

"势利人装腔作调，都只在体面上铺张"。（《围炉夜话》）直言、坦言也罢，谨言、不言也好，并无统一的法则，但有一条是不变的，那就是以诚为本。《大学》有云："诚于中，形于外。"意思是发心要诚，只有内心真诚，才能在言行等外表中表现得自然；如果发心不真诚，终究是自欺欺人。不要以为你的心机能瞒得过别人。要晓得公道自在人心，众人目之所视、手之所指，自有无穷的威力，岂能不当回事？！因此，"富润屋，德润身，心广体胖"，朱熹在注解中说：

> 故心无愧怍，则广大宽平，而体常舒泰，德之润身者然也。（朱熹《大学章句》）

《周易·文言》称：

> 修辞立其诚，
>
> 所以居业也。

"修辞立其诚"，言辞是要修炼的。我想这既很容易，也不容易。对于心机重、城府深的人来说，就相当困难。《周易》中说，每讲一句话，每做一件事，都要根除邪念、保持真诚（"闲邪存其诚"），对一般人来说就更不容易做到了。

《论语·乡党》记载了孔子在各种场合下的说话方式，我认为这是"修辞立其诚"的典型写照，最能说明"诚于中，形于外"了。让我们来讨论其中一段：

> 孔子于乡党，
>
> 恂恂如也，
>
> 似不能言者。

这段话记载孔子回到故乡，在乡亲父老面前说话的样子。"恂恂如也"，指很憨厚的、踏实的样子。"似不能言者"，指似乎说不出来话的样子。我们知道孔子虽然屡不得意，但那只是就他未实现自己的政治抱负而言，与一般人相比，他一生的政治成就是很大的，因为他的官最高当到了鲁国司寇，类似今天中国一位分管公安、司法工作的副总理或部长。我们有几个人可以想象，自己这辈子能当上这么大的官呢？孔子仕途如此出色，回到家乡，见到阔别已久的乡亲父老，竟然好像连话都说不出来。这是什么意思呢？为了理解这一点，不妨设想一下，假如你当上了高官衣锦还乡，你在亲人面前是何等的荣耀！全家都因为你而有了光彩，所有的亲戚朋友都千方百计地巴结你，你一定感到无比幸福和自豪！你怎么会连话都讲不出来呢？

且不说当上副总理或部长的人太少，即便是当上公司的小老板，成了"款爷"，也已经不得了啦。我们经常看到一些人在外面混发达了，或者是赚了点钱，或者是当了个不大不小的官，或者是考上了名牌大学，回到了母校或家乡，好神气啊！所谓荣归故里，时常被许多人当成人生中最得意的时光。设想你是一个事业上的成功人士，回到故乡或母校，你会怎样想呢？想到将会有很多亲戚、朋友慕名来看你，将会有一场又一场围绕着你举行的宴会，面对即将发生的一切，你心中是怎么想的？你打算在亲友们面前如何表现自己呢？那些鲜花和笑脸，那些羡慕和赞美，是否正是你期待已久的呢？

当你在亲友们面前展现自己的成功、成就时，有没有想过如下一些问题：比如往昔的许多亲人和朋友们，至今仍然生活在困苦之中，不是因为他们不如你聪明能干，仅仅是由于家庭条件或机遇不佳等原因，你心中是否仍能对他们的人生苦痛感同身受？也许在不自觉之中，你认为他们的卑微和渺小恰好证明了你的成

功和伟大？在你功成名就之时，你能不能真正发自内心地去体谅
那些曾经给予你无私的关心和爱的人们，那些往日生活中结下纯
真友谊的、善良朴实的人们？他们此时的人生苦痛，对你来说能
算什么？在你们再次相逢的日子里，你会喋喋不休地证明自己，
迫不及待地展示自己，唯恐他们不知道你有何等辉煌吗？

诚者不勉而中

黄昏时分，静静的渡口已空空荡荡，来了四个人心
急如焚。忽然，他们看见一个老人在远处打鱼，急忙大
声呼唤。

老人告诉他们：

"我的船太小，只能载你们一个人过河。你们要我
载谁呢？"

四个人争执不下，老人请他们说出各自的理由，好
决定载谁。

其中一个人拿出一摞白花花的银子：

"看见这个没有？让我过去，这些全归你了。"原来
他是个富商。

另一个人说：

"老子有权有势，你去问问，这方圆几十里，有谁敢
得罪我？"原来他是个县官。

第三个人是个武士，他扬起手中的剑，喝道：

"你看看这个！不载我过河，一剑削了你的……"

老人无法决定。犹豫不决之际，只听最后一个人叹道：

"妻子望我眼欲穿，幼女整日哭爸爸，叫我怎能不心忧……"

老人向他挥了挥手："还是你上来吧！"

上船后，那个人疑惑地问老人为什么带他过河，老人指了指自己的心。老人在自己无法决定时，不由自主地听从了心的使唤。老人何尝不想要银子，也未必不怕县官和武士，但前三个人向他展现的都是人性中丑陋或贪婪的一面，只有最后一个人展现了人性中最可爱的东西，把他的心打动了。

"诚者，不勉而中，不思而得"（《中庸》），上面这则多处流传的故事（作者不详）也许是这段话最好的注解。

立身高低决定着一生事业的规模，境界之别决定着一生成就的大小。不是小人不愿做君子，而是他们无法理解君子的胸怀气度；不是君子看不起小人，而是小人往往聪明反被聪明误。《围炉夜话》说：

> 君子存心但凭忠信，
> 而妇孺皆敬之如神，
> 所以君子落得为君子；
> 小人处世尽设机关，
> 而乡党皆避之若鬼，

所以小人枉做了小人。

下面是一个关于吉米·杜兰蒂的故事。吉米·杜兰蒂（1893—1980）是美国喜剧演员，以其沙哑的声音、大鼻子与破帽子著称，曾在许多电影与百老汇演出中扮演角色。

早一两代的人都知道，他是一位当红的艺人。一次，有人邀请他加演一场给"二战"老兵的晚会。他告诉那个人，他的日程安排得很满，只能抽出几分钟时间来表演一段独角戏，接着他就得离场赶赴其他的活动。如果他们能够接受的话，他就去表演。当然，晚会的导演欣然答应了。

然而，就在吉米表演的过程中，意想不到的事情发生了。时间早就过了他说的几分钟，可是他还站在台上继续表演，场下观众的掌声越来越热烈。15分钟过去了，20分钟过去了，30分钟又过去了，吉米还在表演。终于，吉米最后鞠了一躬，离开了舞台。在后台，有人问他："不是只表演几分钟吗？发生了什么事？"

吉米说："是啊，我本该早走的，可是你看看前排的观众，就知道为什么了。"

原来，前排坐着两个男人，他们在战争中都失去了一只手臂。一个失去了右臂，另一个失去了左臂，可是他们合力鼓着掌，大声地鼓着掌，高兴地鼓着掌。[1]

古人云："至诚如神。""唯天下至诚为能化。"(《中庸》)

---

[1] 无名氏. 两个人的掌声 [J]. 小作家选刊（小学），2005（4）：6-7.

"化"，指感化，又可指化生万物的神奇力量。是什么力量让这位大腕儿演员一反常态，把原来的几分钟表演变成了半个多小时呢？是那两个"二战"老兵，他们特有的鼓掌方式向杜兰蒂传递的真诚，在杜兰蒂的心中产生了强大的冲击力。

温柔敦厚，《诗》教也

行文至此，到了本书该结束的时候了。让我们在这里略加小结，重点阐述一下儒家的人格理想。

儒家把人生当作是一个不断自新的过程，称之为"苟日新，日日新，又日新"（《大学》）。修身、存养，是一个不断涤除生命中的积弊，使之一天天更新的过程。我们虽然生活在一个古老的国度，但我们的生命力全在于能否不断地更新自己。只有坚持不懈地修养身心，我们才会在每天早晨起来时体会一个新的生命的诞生，以满腔的热情投入新生活。

在另一篇儒家经典《礼记·经解》中，有一段话较为完整地总结了孔子对于存养目标的看法，也代表了儒家修身养性追求的理想人格。下面这段话值得我们反复吟诵：

孔子曰：

入其国，其教可知也。

其为人也——

温柔敦厚，《诗》教也；

疏通知远，《书》教也；

广博易良，《乐》教也；

洁静精微，《易》教也；

恭俭庄敬，《礼》教也；

属辞比事，《春秋》教也。

我们前面说过，《诗》《书》《礼》《乐》《易》《春秋》是孔子教育学生的主要科目。《礼记·经解》的这段话，可以说表达了孔子的教育理想，或者说孔子希望培养出什么样的人来。"温柔敦厚，《诗》教也。"《诗》即《诗经》，相传是周代乐师从四方搜集民歌的基础上重新加工、编纂而成的，有"风""雅""颂"等几个部分。"温柔敦厚"，"温"指颜色温润；"柔"指性情和柔；"敦"，原为一种盛黍稷的器皿，上下两半合在一起成圆球形，此处引申为厚实。因此，"温柔敦厚"指为人性情温和，善解人意，厚道实在。《诗经》各篇来自不同地域，不同场合，风格各异。有的讲述爱情，有的埋怨贪官，有的描述人生的艰难，有的抒发内心的冤屈。为什么《诗》可以培养人温柔敦厚的品格呢？因为它增加了我们对人情世故的认识，加深了我们对他人苦痛的理解，从而使我们更加善解人意。更重要的是，通过读诗，我们自己也融入其中，从心底找到共鸣，让我们的心灵获得慰藉，情感得以发泄，从而让人的性情变得平和，待人更加实在。

"疏通知远，《书》教也。"《书》是《尚书》，记录了唐虞三代以来中国历史上的许多大事，特别是在一些重要的历史时刻重要政治人物的言论。从唐尧、虞舜到夏商周，中国已经经历了几千年历史。在这漫长的岁月里，有多少重大的历史事件，有多少激动人心的时刻，又有多少腥风血雨的战争！《书》中的事件和言论，见证了一个民族历经沧桑、走出重重困境的辛酸历程，昭示了中华民族不屈不挠的奋斗精神，凝聚了炎黄子孙饱含血泪的历史教训。正是通过阅读《书》，我们才可以对中华民族过去几千年来风风雨雨的经历有更深的理解，从而对于这个民族未来的去向有更清醒的认识。"知远"，指知道遥远的过去；"疏通"，指能把过去与现在联系起来，让我们从过去理解现在，从现在理解未来，或者说一个人由于历史知识的丰富而能通达世事。我们常常说，历史有时会重演，可见了解历史的重要性。

"广博易良，《乐》教也。"《乐》，又称《乐经》，可能源自古代宫廷歌舞之曲，久已亡佚。通过听《乐》，很多的人情世事，我们虽不曾经历，但仿佛身在其中；各地的风土人情，我们虽然未曾见识，却能身临其境。因此，动人的乐曲可以丰富我们的人生阅历，使我们更加通达人情世事，胸襟广大，这就叫"广博"。《论语》中记载了孔子在齐国时，"闻《韶》，三月不知肉味"（《论语·述而》）。《韶》相传是舜帝所作之乐，这段话说明《韶》乐对孔子的感染力有多强。可以想象孔子教授学生用的《乐》，有的格调高迈，有的曲调委婉，有的崇高，有的庄严，有的低沉，有的雄浑……通过听《乐》，我们仿佛能听到他人的声声叹息，体验他人的欢笑与哭泣，从而领略到人生的不易和艰难；通过听《乐》，我们能对生活在遥远异地的人们的苦难感同身受，为之怦然心动；每一首曲子都在给我们讲述一个故事，倾诉一段人生。因而《乐》可以大大缩短人与人之间的距离，让我们发自内心地认识到人心都是相通的，我们还有什么理由出于种种世俗的偏见，而拒他人于千里之外？这就叫"易"。"易"，可以理解为平易近人。除此之外，美妙动人的音乐，可以化解我们心中对他人的仇恨，把我们的良知从心底唤醒，让我们以一颗善良、包容之心来看待人事，这叫作"良"。

洁静精微，《易》教也

"洁静精微，《易》教也。"《易》，即《易经》，又称《周易》。什么叫"洁静精微"呢？"精"有精细之义；"微"则是人情世事中的微妙之处；"洁静"可指思想上洁静，没有私心杂念。要知道，古代学者读《易经》，注重的主要是其中包含的做人智慧和哲理。《易经》中的很多话，言简意赅，寓意深长，非常值得玩味。比如，从代表"天"的乾卦衍生出"天行健，君子以自强不息"，从代表"地"的坤卦衍生出"地势坤，君子以厚德载物"来。"自强不息"和"厚德载物"这八个字，代表了人世间多少美德，是多么凝练的人生智慧的结晶！《易经》还有很多类似这样的、充满了人生智慧的警句、箴言。通过吟诵它们，确实可以给自己以警戒，让我们清除贪心和杂念，这就叫作"洁静"。此外，《易经》中的许多卦爻辞，把世事中的微妙复杂之处呈现给我们，让我们不断领悟到"见微知著"的道理，在事情刚露出一点苗头的时候，及时地发现它，避免不必要的后果。《易经》培养我们对人情世事的洞察力，增加我们目光的敏锐度。这叫作"精微"。可以说，

《易经》是中华民族智慧的高度结晶，是中国文化不朽传统中宝贵的成分之一。千百年来，《易经》成为无数古代英雄豪杰终生熟读、玩味的不朽经典。

"恭俭庄敬，《礼》教也。"《礼》，以周代的礼制为基础，有人说孔子用的是《仪礼》一书。"恭俭庄敬"中的"恭"是恭敬，"俭"是俭朴，"庄"是庄重，"敬"是尊敬。有人认为礼会导致循规蹈矩、束缚人性，这种看法失之偏颇。古人以彬彬有礼自豪，视之为"文明"高于"野蛮"的象征，不是没有道理的。现在外国人到中国来，常说中国人粗鲁，有时用"rude""very rude"这样的词来形容中国人，具体描述有：在公共场合争先恐后抢座位，人车相遇时互不相让，排队时插队甚至毫无秩序，公务机关的办事人员常常脸色阴沉或毫无表情，在公共场所闭门时不考虑后面有人没人……据说这是由于中国人太多之故。当我们需要满足自己的民族自尊心时，就说我们是"礼仪之邦"；而当人家说我们没有礼貌时，我们就说人太多。照这种说法，古人是不是也可以用物质生活水平低下等为由，而不注意礼仪呢？世界上有不少国家、地区或城市，人口密度并不亚于我们，但有礼貌、秩序非常好。我想，今天中国人的礼貌状况，可能与传统的衰落有关。我们应该认识到，就个人而言，"礼"代表一个人的修养；就一个民族而言，"礼"则代表一个社会的文明程度。古人因"礼仪之邦"而感到自豪不是没有道理的，因为"礼"的精神实质是尊重人；如果没有好的礼仪传统，永远也不要空谈建设什么先进的文明。

"属辞比事，《春秋》教也。"《春秋》是古人对"历史书"

的通称，孔子生前也曾编过一本叫《春秋》的书，记载了春秋时期 242 年间（公元前 722 年至前 481 年）的政治历史大事。"属辞比事"指以最恰当、最精练、最准确完整的方式来表达一个人的思想，或描述对某事件的看法。孔子编写的《春秋》，文字极为概括、简略，整整二百四十多年的历史，他只用不到两万字来概括，并把自己对当时人物和事件的意见表达得一清二楚。什么时候用直笔，什么时候用曲笔，肯定与否定，欣赏与批评，都非常有讲究。连孔子的弟子、当时的文豪子夏等人也不能改动一个字。《春秋》不仅体现了孔子对语言艺术的深刻理解，也包含着深刻的微言大义，特别是对当事人人品的看法。比如郑庄公的弟弟大叔段与庄公争位，庄公事先知道得一清二楚，设计将其铲除。此事《春秋》只记载了"郑伯克段于鄢"这六个字。根据《左传》解释，这六个字反映了孔子不赞同大叔段篡位，但同时也讽刺了郑庄公身为兄长，未能教育好弟弟，更不该设计对付自己的亲弟弟。具体来说，"段"是庄公之弟，本应写成"其弟段"，简写成"段"，是批评他做得不像个弟弟；"克"字限于描述两个地位相当的人之间的关系，庄公之弟把自己放在与国君同等的位置，所以才用了"克"，而未用"伐"等字眼；国君在这里本应称名，郑庄公名寤生，此处不称"郑伯寤生"，简称"郑伯"，讽刺他未尽到为兄的职责。《春秋》的语言艺术是非常值得我们学习的，尽管后人对《春秋》笔法的看法歧见甚多。孟子说："孔子成《春秋》而乱臣贼子惧。"（《孟子·滕文公》）可见话不是说得越明白、越"狠"就一定越有力，有时委婉、曲折的语言反而更有意义。

从总体上说，儒家希望造就一个通达人情世事、对他人充满爱心、做事有高度的责任感、待人接物彬彬有礼、有顽强的恒心毅力、有执着的追求和崇高的信念的人。这些理想，即使今天看来，也不能说已经过时，而是恰好相反。若能反复吟诵儒家经典，就能体会其中的味道，使自己一天天成熟起来。

附录一：曾国藩[1]论修身

---

〔1〕曾国藩（1811—1872），字伯函，号涤生，湖南长沙府湘乡（今湖南省双峰县）人。清朝
军事家、理学家、政治家，"中兴名臣"之一。生于清嘉庆十六年（1811），清道光十八
年（1838）考中进士，历任翰林院庶吉士，累迁侍读、侍讲学士，文渊阁直阁事，稽察
中书科事务，礼部侍郎及兵部、工部、刑部、吏部侍郎，两江总督、直隶总督、武英殿
大学士等职，授太子太保、封一等侯爵，官至一品。清同治十一年（1872）三月十二日
卒，谥文正。

早年修身十二款[1]

一、敬：整齐严肃，无时不惧。无事时心在腔子里[2]，应事时专一不杂。清明在躬[3]，如日之升。

二、静坐：每日不拘何时，静坐四刻，体验来复之仁心[4]。正位凝命[5]，如鼎之镇。

三、早起：黎明即起，醒后勿沾恋。

---

[1] 据光绪已卯年秋传忠书局刊《曾文正公全集·杂著·课程十二条》，原文附题"道光二十二年在京日记"（1842 年），此时曾国藩 31 岁。另参曾国藩．曾国藩全集：第 14 册 [M]．长沙：岳麓书社，1986：396．此条代表曾国藩早年修身思想。

[2] 北宋大儒程颐说过"心要在腔子里"，指保持此心清醒、明澈，即孟子所谓"存心"，朱子、王阳明及后世儒家常引以为修身之务。参朱熹、吕祖谦《近思录》（卷之四）、《朱子语类卷九十六·程子之书二》，王阳明《传习录·与吕子约》等。

[3] "清明在躬"，出自《礼记·仲尼闲居》"清明在躬，志气如神。""清"，清静；"明"，显明："言圣人清静光明之德在于躬身"。

[4] "来复之仁心"，出自《周易》复卦"一阳来复"之义。古人以为冬至比喻"复"，即阴气达到顶点、亦阳气初露之时。此处指通过静坐清除心中不当杂念，心境高度平和，生命中的善端开始萌芽。

[5] "正位凝命"，"凝"，凝结、凝聚。此处指端正方位，确立人生的使命。

四、读书不二：一书未完，不看他书。东翻西阅，徒务外为人[1]。

五、读史：丙申年购念三史[2]，大人曰："尔借钱买书，吾不惜极力为尔弥缝[3]。尔能圈点一遍，则不负我矣。"嗣后每日圈点十页，间断不孝。

六、谨言：刻刻留心，第一工夫。

七、养气：气藏丹田，无不可对人言之事。[4]

八、保身：十二月奉大人手谕曰："节劳、节欲、节饮食。"时时当作养病。

九、日知所亡：每日读书，记录心得语，有求深意是徇人[5]。

十、月无忘所能[6]：每月作诗文数首，以验积理之多寡，养气之盛否。不可一味耽著[7]，最易溺心丧志。

十一、作字：饭后写字半时。凡笔墨应酬，当作自己课程。凡事不可待明日，愈积愈难清。

十二、夜不出门。旷功疲神，切戒切戒。

道光二十二年在京日记。

---

〔1〕"徒务外为人"，指一味做给外人看，借读书装点门面。

〔2〕指《史记》《汉书》《后汉书》。

〔3〕"极力为尔弥缝"，盖指想办法替他还钱。

〔4〕此条讲做人襟怀磊落，胸襟坦荡，才会养出浩然正气来。《孟子·公孙丑上》有论"浩然之气"如下："敢问何谓浩然之气？"曰："难言也。其为气也至大至刚，以直养而无害，则塞于天地之间。其为气也配义与道，无是馁也。是集义所生者，非义袭而取之也。行有不慊于心则馁矣。"
"以直养"，指平时做人正直，日积月累，就会有浩然之气，故后文有"集义所生"。"配义与道"，指此气合乎道义。"馁"，泄也。"义袭而取之"，从外部攻取，这里指把"义"当作外部强加于人的命令，逼使人将自己的心交给他，这是孟子所反对的。"不慊于心"，指心有不安。

〔5〕"徇人"，"徇"，从也；"徇人"可指屈己从人。

〔6〕《论语·子张》"子夏曰：'日知其所亡，月无忘其所能，可谓好学也已矣'。"

〔7〕"耽著"，当指耽误、耽搁。

晚年日课四条 [1]

一曰慎独则心安。能慎独，则内省不疚，可以对天地、质鬼神。

二曰主敬则身强。内而专静纯一，外而整齐严肃。

三曰求仁则人悦。我与民物 [2]，其大本乃同出一源 [3]。

四曰习劳则神钦。极俭以奉身，极勤以救民。

同治十年金陵节署中日记。

---

[1] 此据李翰章编辑、校刊《曾文正公（国藩）全集·家训下卷·日课四条》（同治十年金陵节署日记，1871年，此时曾国藩60岁），此《全集》原据光绪年间湖南长沙传忠书局刊本影印，台北（县）：文海出版社有限公司1974年版，20542—20548页。内容有较大删减。另据曾国藩日记，同治九年十一月初二："写'慎独''主敬''求仁'三条，每条疏证二百余字，以为暮年盖愆之资，共七百余字"（见曾国藩．曾国藩全集：第18册[M]：长沙：岳麓书社，1986：1807.）。由此，此篇似初作于清同治九年（1870年）十一月初二（曾国藩卒于同治十一年）。此四条应代表曾国藩晚年修身的主要心得结晶。从末文看，也是一份家训。

[2] "我与民物"，语出张载"民胞物与"之说。宋代学者张载《西铭》曰："民吾同胞，物吾与也。"

[3] "其大本乃同出一源"，谓人、民、物皆同出于天地，因而息息相通，气息相应。所以人不爱他人他物，精神亦不能安顿。

附录二：修身集锦

瞻彼淇奥，

绿竹猗猗；

有匪君子，

如切如磋，

如琢如磨[1]。

（《诗经·淇奥》）

第一讲 守静

静而后能安。

（《大学》）

至静而德方。

（《周易·文言》）

致虚极、

守静笃。

（《道德经》）

---

[1] 猗猗，茂盛貌；匪，通斐，文质彬彬。

归根曰静。

（《道德经》）

水静犹明，

而况精神！圣人之心静乎！

天地之鉴也，

万物之镜也。

（《庄子·天道》）

毋先物动，

以观其则。

动则失位，

静乃自得。

（《管子·心术上》）

静而与阴同德，

动而与阳同波。

（《庄子·天道》）

一动一静，

互为其根，

命之所以流行，

而不已也 。

（〔宋〕周敦颐《周子通书》）

静以修身，

俭以养德；

非澹泊无以明志，

非宁静无以致远。

（〔蜀〕诸葛亮《诫子书》）

至道之要，

至静以宁其神。

（〔宋〕白玉蟾《东楼小参》）

淡中交耐久，

静里寿延长。

（〔明〕王永彬《围炉夜话》）

静坐，然后知平日之气浮；

守默，然后知平日之言躁；

省事，然后知平日之心忙。

（〔清〕金缨编《格言联璧》）

"躁心浮气，

浅衷狭量"，

此八字进德者之大忌也。

（〔明〕吕坤《呻吟语》）

德性以收敛沉着为第一。

（〔明〕吕坤《呻吟语》）

从静中观物动，

向闲处看人忙。

（〔明〕洪应明《菜根谭》）

身居万物中，

心在万物上。

（〔明〕陈献章《陈白沙集·随笔》）

静能制动，

沉能制浮，

宽能制褊，

缓能制急。

（〔清〕金缨编《格言联璧》）

造化之精，

性天之妙，

惟静观者知之，

惟静养者契之。

（〔明〕吕坤《呻吟语》）

风花之潇洒，

雪月之空清，

唯静者为之主；

水木之荣枯，

竹石之消长，

独闲者操其权。

（〔明〕洪应明《菜根谭》）

第二讲　存养

存其心，

养其性，

所以事天也。

（《孟子·尽心》）

苟得其养，

无物不长；

苟失其养，

无物不消。

（《孟子·告子上》）

性分不可使亏欠，

情欲不可使赢余。

（〔明〕吕坤《呻吟语》）

伊川先生答横渠先生曰：

"所论大概，

有苦心极力之象，

而无宽裕温厚之气。……

欲知得与不得，

于心气上验之……"

（〔宋〕朱熹、吕祖谦编《近思录》）

深沉厚重是第一等资质，

磊落豪雄是第二等资质，

聪明才辩是第三等资质。

（〔明〕吕坤《呻吟语》）

有才而性缓，

定属大才；

有智而气和，

斯为大智。

（〔清〕金缨编《格言联璧》）

气忌盛，

心忌满，

才忌露。

（〔明〕吕坤《呻吟语》）

动息节宣，

以养生也。

（〔宋〕朱熹、吕祖谦编《近思录》）

动息皆有所养。

（〔宋〕朱熹、吕祖谦编《近思录》）

"心平气和"，

此四字非涵养不能做，

工夫只在个定火……

惟君子善处火，

故身安而德滋。

（〔明〕吕坤《呻吟语》）

处众以和，

贵有强毅不可夺之力；

持己以正，

贵有圆通不可拘之权。

（〔清〕金缨编《格言联璧》）

好察非明，

能察能不察之谓明；

必胜非勇，

能胜能不胜之谓勇。

（〔明〕洪应明《菜根谭》）

故学者当栖心玄默，

以宁吾真体；

亦当适志怡愉，

以养吾圆机。

（〔明〕洪应明《菜根谭》）

处难处之事愈宜宽，

处难处之人愈宜厚，

处至急之事愈宜缓，

处至大之事愈宜平。

（〔清〕金缨编《格言联璧》）

宜静默，

宜从容，

宜谨严，

宜俭约，

四者切己良箴。

忌多欲，

忌妄动，

忌坐驰，

忌旁骛，

四者切己大病。

（〔清〕金缨编《格言联璧》）

少思虑以养心气，

寡色欲以养肾气，

常运动以养骨气，

戒嗔怒以养肝气，

薄滋味以养胃气，

省言语以养神气，

多读书以养胆气，

顺时令以养元气。

（〔清〕金缨编《格言联璧》）

清明以养吾之神，

湛一以养吾之虑，

沉警以养吾之识，

刚大以养吾之气。

（〔清〕金缨编《格言联璧》）

以虚养心，

以德养身，

以仁养天下万物，

以道养天下万世。

（〔清〕金缨编《格言联璧》）

安详是处事第一法，

谦退是保身第一法，

涵容是处人第一法，

洒脱是养心第一法。

（〔明〕陈继儒《小窗幽记》）

第三讲 自省

曾子曰：

"吾日三省吾身。"

（《论语·学而》）

忙处事为，

常向闲中先检点，

过举自稀；

动时念想，

预从静里密操持，

非心自息。

（〔明〕洪应明《菜根谭》）

肝受病则目不能视，

肾受病则耳不能听。

病受于人所不见，

必发于人所共见。

故君子欲无得罪于昭昭，

必先无得罪于冥冥。

（〔明〕洪应明《菜根谭》）

目中有花，

则视万物皆妄见也；

耳中有声，

则听万物皆妄闻也；

心中有物，

则处万物皆妄意也。

是故此心贵虚。

（〔明〕吕坤《呻吟语》）

鹄恶铃而高飞，

不知敛翼而铃自息；

人恶影而疾走，

不知处阴而影自灭。

（〔明〕洪应明《菜根谭》）

不自反者，

看不出一身病痛；

不耐烦者，

做不成一件事业。

（〔清〕金缨编《格言联璧》）

从五更枕席上参勘心体。

（〔明〕洪应明《菜根谭》）

盖世的功劳，

当不得一个"矜"字；

弥天的罪过，

当不得一个"悔"字。

（〔明〕洪应明《菜根谭》）

为善而欲自高胜人，

施恩而欲要名结好，

修业而欲惊世骇俗，

植节而欲标异见奇，

此皆是善念中戈矛，理路上荆棘，

最易夹带，最难拔除者也。

（〔明〕洪应明《菜根谭》）

处世让一步为高，

退步即进步的张本；

待人宽一分是福，

利人实利己的根基。

（〔明〕洪应明《菜根谭》）

路径窄处，

留一步与人行；

滋味浓的，

减三分让人嗜；

此是涉世一极乐法。

（〔明〕洪应明《菜根谭》）

完名美节，不宜独任，

分些与人，可以远害全身；

辱行污名，不宜全推，

引些归己，可以韬光养德。

（〔明〕洪应明《菜根谭》）

自家有好处，

要掩藏几分，

这是涵育以养深；

别人不好处，

要掩藏几分，

这是浑厚以养大。

（〔清〕金缨编《格言联璧》）

事穷势蹙之人，

要原其初心；

功成行满之士，

当观其末路。

（〔明〕洪应明《菜根谭》）

世人只缘认得

"我"字太真，

故多种种嗜好，

种种烦恼。

（〔明〕洪应明《菜根谭》）

邀千百人之欢，

不如释一人之怨；

希千百事之荣，

不如免一事之丑。

（〔明〕洪应明《菜根谭》）

市恩不如报德之为厚；

雪忿不若忍耻之为高；

要誉不如逃名之为适；

矫情不若直节之为真。

（〔明〕洪应明《菜根谭》）

闲中不放过，

忙中有受用；

静中不落空，

动中有受用；

暗中不欺隐，

明中有受用。

（〔明〕洪应明《菜根谭》）

第四讲 定性

知止而后有定。

（《大学》）

能正能静，

然后能定。

定心在中，

耳目聪明，

四肢坚固，

可以为精舍。

（《管子·内业》）

万物无足以铙心者，故静也。

（《庄子·天道》）

夫虚静恬淡寂漠无为者，

天地之平而道德之至，

故帝王圣人休焉。

（《庄子·天道》）

天地之常，

以其心普万物而无心；

圣人之常，

以其情顺万物而无情。

（〔宋〕程颢《定性书》）

风来疏竹，

风过而竹不留声；

雁度寒潭，

雁去而潭不留影。

故君子事来而心始现，

事去而心随空。

（〔明〕洪应明《菜根谭》）

宠辱不惊，

闲看庭前花开花落；

去留无意，

漫随天外云卷云舒。

（〔明〕洪应明《菜根谭》）

随缘便是遣缘，

似舞蝶与飞花共适；

顺事自然无事，

若满月偕盂水同圆。

（〔明〕洪应明《菜根谭》）

治大国，

若烹小鲜。

（《道德经》第六十章）

圣人处无为之事，……

行不言之教。

（《道德经》第二章）

闻在宥天下[1]，

不闻治天下也。

（《庄子·在宥》）

善行无辙迹，……

善言无瑕谪。

（《道德经》第二十七章）

---

〔1〕在，存也；宥，宽也。

大烈鸿猷,⁽¹⁾

常出悠闲镇定之士,

不必忙忙;

休征景福,

多集宽洪长厚之家,

何须琐琐。

(〔明〕洪应明《菜根谭》)

天地寂然不动,

而气机无息少停;

日月昼夜奔驰,

而贞明万古不易。

故君子闲时要有吃紧的心思,

忙处要有休闲的趣味。

(〔明〕洪应明《菜根谭》)

财、色、名、位,

此四字,

考人品之大节目也。

(〔明〕吕坤《呻吟语》)

躯壳之我要看得破,

---

〔1〕烈,功业;猷,谋略。

则万有皆空而其心常虚，

虚则义理来居；

心性之我要认得真，

则万理皆备而其心常实，

实则物欲不入。

（〔明〕洪应明《菜根谭》）

人品之不高，

总为一"利"字看不破。

（〔明〕王永彬《围炉夜话》）

世人只缘认得

"我"字太真，

故多种种嗜好、

种种烦恼。

（〔明〕洪应明《菜根谭》）

心定者其言重以舒，

不定者其言轻以疾。

（〔宋〕朱熹、吕祖谦编《近思录》）

心安茅屋稳，

性定菜根香。

世事静方见，

人情淡始长。

（〔明〕范立本辑《明心宝鉴》）

第五讲 治心

学问之道无他，
求其放心而已矣。
（《孟子·告子》）

君子所以异于人者，
以其存心也。
（《孟子·离娄下》）

孟子曰：
"否！我四十不动心。"
（《孟子·公孙丑》）

虚其欲，
神将入舍；
扫除不洁，
神乃留处。
（《管子·心术上》）

无以物乱官，
毋以官乱心。
（《管子·心术下》）

一意抟[1]心，
耳目不淫。
（《管子·内业》）

人只一念贪私，
便销刚为柔，塞智为昏，
变恩为惨，染洁为污，
坏了一生人品。
故古人以不贪为宝，
所以度越一世。
（〔明〕洪应明《菜根谭》）

只是一点方寸之心千过万罪，
禽兽不如……
（〔明〕吕坤《呻吟语》）

夜深人静，

---

〔1〕抟，音tuán，圆也，捏聚成团。

独坐观心。

（〔明〕洪应明《菜根谭》）

心静则气正，

正则全。

气全则神和，

和则凝。

神凝则万结矣。

（〔宋〕白玉蟾《东楼小参》）

能轻富贵，

不能轻一轻富贵之心；

能重名义，

又复重一重名义之念。

是事境之尘氛未扫，

而心境之芥蒂未忘。

此处拔除不净，

恐石去而草复生矣。

（〔明〕洪应明《菜根谭》）

人心一偏，

遂视有为无，

造无作有。

如此，

心可妄动乎哉！

（〔明〕洪应明《菜根谭》）

护体面，不如重廉耻；

求医药，不如养性情；

立党羽，不如昭信义；

作威福，不如笃至诚；

多言说，不如慎隐微；

博声名，不如正心术；

恣豪华，不如乐名教；

广田宅，不如教义方。

（〔清〕金缨编《格言联璧》）

恩义广施，

人生何处不相逢？

仇冤莫结，

路逢险处难回避。

（〔明〕范立本辑《明心宝鉴》）

昔日寒山问拾得[1]曰：

"世间有人谤我、欺我、

辱我、笑我、轻我、

---

〔1〕寒山、拾得为唐代天台山国清寺两位僧人。

贱我、恶我、骗我，

如何处治乎？"

拾得云：

"只要忍他、让他、由他、

避他、耐他、敬他、

不要理他，

再待几年，

你且看他。"

（〔清〕叶昌炽《寒山寺志·寒拾事迹》卷三）

闹时炼心，

静时养心，

坐时守心，

行时验心，

言时省心，

动时制心。

（〔清〕金缨编《格言联璧》）

讨了人事的便宜，

必受天道的亏；

贪了世味的滋益，

必招性分的损。

（〔明〕洪应明《菜根谭》）

第六讲 慎独

戒慎乎其所不睹，
恐惧乎其所不闻，
莫见乎隐，
莫显乎微，
故君子慎其独也。
（《中庸》）

人心惟危，
道心惟微。
（《尚书·大禹谟》）

心体光明，
暗室中有青天；
念头暗昧，
白日下有厉鬼。
（〔明〕洪应明《菜根谭》）

心地上无风涛，
随在皆青山绿树；
性天中有化育，
触处都鱼跃鸢飞。
（〔明〕洪应明《菜根谭》）

愁烦中具潇洒襟怀，

满抱皆春风和气；

暗昧处见光明世界，

此心即白日青天。

（〔明〕王永彬《围炉夜话》）

心体澄彻，

常在明镜止水之中，

则天下自无可厌之事；

意气和平，

常在丽日光风之内，

则天下自无可恶之人。

（〔明〕洪应明《菜根谭》）

心无杂念，

神不外走；

心常归一，

意自如如。

一心恬然，

四大清适。

（〔宋〕白玉蟾《东楼小参》）

人只一念贪私，

便销刚为柔，塞智为昏，

变恩为惨，染洁为污，

坏了一生人品。

故古人以不贪为宝，

所以度越一世。

（〔明〕洪应明《菜根谭》）

立百福之基，

只在一念慈祥；

开万善之门，

无如寸心挹损。

（〔明〕洪应明《菜根谭》）

酦[1]肥辛甘非真味，

真味只是淡；

神奇卓异非至人，

至人只是常。

（〔明〕洪应明《菜根谭》）

过去事，

丢得一节是一节；

现在事，

了得一节是一节；

---

〔1〕酦，音浓，浓酒。

未来事，

省得一节是一节。

（〔清〕金缨编《格言联璧》）

敬守此心，

则心定；

敛抑其气，

则气平。

（〔清〕金缨编《格言联璧》）

第七讲　主敬

敬以直内，

义以方外。

（《周易·文言》）

出门如见大宾，

使民如承大祭。

（《论语·颜渊》）

子曰：

居处恭，

执事敬。

（《论语·子路》）

积善之家，

必有余庆；

积不善之家，

必有余殃。

（《周易·文言》）

君子

终日乾乾，

夕惕若。

（《周易·乾》）

战战兢兢，

如临深渊，

如履薄冰。

（《诗·小旻》）

敬之敬之，

天惟显思，

命不易哉！

（《诗·敬之》）

涵养须用敬，

进学则在致知。

（〔宋〕程颐《二程集》）

君子当终日对越在天也。

（〔宋〕朱熹、吕祖谦编《近思录》）

为善之端无尽，

只讲一"让"字，

便人人可行；

立身之道何穷，

只得一"敬"字，

便事事皆整。

（〔明〕王永彬《围炉夜话》）

酷烈之祸，

多起于玩忽之人。

（〔明〕洪应明《菜根谭》）

一场闲富贵，

狠狠争来，

虽得还是失；

百岁好光阴，

忙忙过了，

纵寿亦为夭。

（〔明〕洪应明《菜根谭》）

讨了人事的便宜，

必受天道的亏；

贪了世味的滋益，

必招性分的损。

（〔明〕洪应明《菜根谭》）

白日欺人，

难逃清夜之愧赧；

红颜失志，

空贻皓首之悲伤。

（〔明〕.洪应明《菜根谭》）

恃力者，

忽逢真敌手；

恃势者，

忽逢大对头；

人所料不及也。

（〔明〕王永彬《围炉夜话》）

倚高才而玩世，

背后须防射影之虫；

饰厚貌以欺人，

面前恐有照胆之镜。

（〔明〕陈继儒《小窗幽记》）

聪明智慧，守之以愚；

功被天下，守之以让；

勇力振世，守之以怯；

富有四海，守之以谦。

（〔明〕范立本辑《明心宝鉴》）

待人而留有余不尽之恩礼，

则可以维系无厌之人心；

御事而留有余不尽之才智，

则可以预防不测之事变。

（〔明〕洪应明《菜根谭》）

第八讲　谨言

子曰：

巧言令色，

鲜矣仁。

（《论语·学而》）

子曰：

予欲无言。

（《论语·阳货》）

子曰：

刚毅、

木讷，

近仁。

（《论语·子路》）

子曰：

"多闻阙疑，

慎言其余，

则寡尤；

多见阙殆，

慎行其余，

则寡悔。"

（《论语·为政》）

言行，

君子之枢机；

枢机之发，

荣辱之主也。

（《周易·系辞上》）

孔子于乡党，

恂恂如也，

似不能言者。

（《论语·乡党》）

言行，

君子之所以动天地也。

（《周易·系辞上》）

修辞立其诚。

（《周易·文言》）

圣人以此洗心，

退藏于密。

（《周易·系辞》）

括囊，

无咎无誉。

（《周易·坤》）

"直方大，

不习无不利"，

则不疑其所行也。

（《周易·文言》）

君子之道，

闇然而日章；

小人之道，

的然而日亡。

（《中庸》）

士君子之涉世，

于人不可轻为喜怒；

喜怒轻，

则心腹肝胆皆为人所窥。

于物不可重为爱憎；

爱憎重，

则意气精神悉为物所制。

（〔明〕洪应明《菜根谭》）

真机、真味要涵蓄，

休点破，

其妙无穷，

不可言喻。

（〔明〕吕坤《呻吟语》）

使人有面前之誉，

不若使其无背后之毁；

使人有乍交之欢，

不如使其无久处之厌。

（〔明〕陈继儒《小窗幽记》）

人知言语足以彰吾德，

而不知慎言语乃所以养吾德。

人知饮食足以益吾身，

而不知节饮食乃所以养吾身。

（〔清〕金缨编《格言联璧》）

善启迪人心者，

当因其所明而渐通之，

毋强开其所闭；

善移易风化者，

当因其所易而渐及之，

毋轻矫其所难。

（〔明〕洪应明《菜根谭》）

攻人之恶毋太严，

要思其堪受；

教人以善毋过高，

当使其可从。

（〔明〕洪应明《菜根谭》）

轻信轻发，

听言之大戒也；

愈激愈厉，

责善之大戒也。

（〔清〕金缨编《格言联璧》）

趋炎虽暖，

暖后更觉寒威；

食蔗能甘，

甘余便生苦趣。

（〔明〕洪应明《菜根谭》）

媚若九尾狐，

巧如百舌鸟，

哀哉羞此七尺之躯！

暴同三足虎，

毒比两头蛇，

惜乎坏尔方寸之地！

（〔清〕金缨编《格言联璧》）

第九讲　致诚

唯天下至诚，

为能尽其性。

（《中庸》）

至诚如神。……
唯天下至诚为能化。
（《中庸》）

诚于中，
形于外。
（《大学》）

修辞立其诚，
所以居业也。
（《周易·文言》）

唯天下至诚，
为能经纶天下之大经，
立天下之大本。
（《中庸》）

万物皆备于我矣！
反身而诚，
乐莫大焉。
（《孟子·尽心》）

诚者，
不勉而中，

不思而得。

（《中庸》）

诚，

五常之本，

百行之源也。

（〔宋〕周敦颐《周子通书》）

圣，

诚而已矣。

（〔宋〕周敦颐《周子通书》）

诚者，

真实无妄之谓。

（〔宋〕朱熹《中庸章句》）

心无愧怍，

则广大宽平，

而体常舒泰。

（〔宋〕朱熹《大学章句》）

人心一真，

便霜可飞，

城可陨，

金石可贯。

（〔明〕洪应明《菜根谭》）

小　结

大学之道，在明明德，在亲民，在止于至善。

知止而后有定，定而后能静，静而后能安，安而后能虑，虑而后能得。

古之欲明明德于天下者，先治其国。欲治其国者，先齐其家。欲齐其家者，先修其身。欲修其身者，先正其心。欲正其心者，先诚其意。欲诚其意者，先致其知。致知在格物。

物格而后知至。知至而后意诚。意诚而后心正。心正而后身修。身修而后家齐。家齐而后国治。国治而后天下平。

自天子以至於庶人，壹是皆以修身为本。

（《大学》）

孔子曰：

入其国，其教可知也。

其为人也——

温柔敦厚，《诗》教也；

疏通知远，《书》教也；

广博易良，《乐》教也；

洁静精微，《易》教也；

恭俭庄敬，《礼》教也；

属辞比事，《春秋》教也。

（《礼记·经解》）

唯天下至圣，为能——

聪明睿知，足以有临也；

宽裕温柔，足以有容也；

发强刚毅，足以有执也；

齐庄中正，足以有敬也；

文理密察，足以有别也。

（《中庸》）

古今来许多世家，

无非积德；

天地间第一人品，

还是读书。

（〔清〕金缨编《格言联璧》）

观规模之大小，

可以知事业之高卑；

察德泽之浅深，

可以知门祚之久暂。

（〔明〕王永彬《围炉夜话》）

何谓"至行"，曰"庸行"。

何谓"大人"，曰"小心"。

何以"上达"，曰"下学"。

何以"远到"，曰"近思"。

（〔清〕金缨编《格言联璧》）

面前的田地要放得宽，

使人无不平之叹；

身后的惠泽要流得长，

使人有不匮之思。

（〔明〕洪应明《菜根谭》）

苟[1]日新，

日日新，

又日新。

（《大学》）

博学之，

审问之，

慎思之，

明辨之，

笃行之。

（《中庸》）

---

〔1〕苟，诚也。

参考文献

常见古籍，如《周易》《诗经》《礼记》《大学》《中庸》《论语》《孟子》《道德经》《庄子》《管子》《孝经》《明史》等采用通行本，此处未列。

[1] 白玉蟾. 白玉蟾全集校注本[M]. 朱逸辉，王君伟，陈多余，等，校注. 海口：海南出版社，2004.

[2] 陈继儒. 小窗幽记[M]. 2版. 郑州：中州古籍出版社，2008.

[3] 程颐. 二程集[M]. 王孝鱼点校. 2版. 北京：中华书局，2004.

[4] 范立本. 明心宝鉴[M]. 李朝全，点校. 北京：华艺出版社，2007.

[5] 洪应明. 菜根谭全编[M]. 李伟，编注. 长沙：岳麓书社，2006.

[6] 金缨. 格言联璧[M]. 郑州：中州古籍出版社，2010.

[7] 吕坤. 呻吟语[M]. 长沙：岳麓书社，2016.

[8] 王永彬. 围炉夜话[M]. 徐永斌，评注. 北京：中华书局，2008.

[9] 叶昌炽. 寒山寺志[M]. 台北：新文丰出版股份有限公司，2013.

[10] 朱熹，吕祖谦. 朱子近思录[M]. 严佐之，导读. 上海：上海古籍出版社，2000.

[11] 朱熹. 四书章句集注[M]. 北京：中华书局，1983.

第一版后记

　　一年多以前，清华大学出版社两位编辑来找我，在他们的动员和鼓励下，才有了这本小书。我本没想这么快动笔写这本书的。

　　我是一个20世纪60年代出生，在80年代思想解放运动中长大的中国人。有过浪漫的"革命"理想，也曾与千万人一起振臂高呼。和同时代很多人一样，我曾长期沉浸对西方思想的崇拜和迷信中。但是后来，随着年龄的增长，人生经历的增多，内心深处找不到根基的感觉也日益强烈。难道人生的主要价值就在于轰轰烈烈、出人头地？难道做学问就是为了赢得社会的承认、实现所谓的"自我"？荣耀、光环、名噪一时、引人注目、受人追捧，终究不能带给人灵魂的安稳和持久的欢娱。我深信，我们这一代人，只要对灵魂有深刻的检讨和真诚的追问，而不是在时代风潮中随波逐流、迷失了方向，内心深处一定会经历深刻的苦与痛。有谁能理解我们这一代，有谁能拯救我们的灵魂？这正是需要我们深刻反省的问题，也是我们这个时代最值得反思的根本问题之一。失去了传统，我们的灵魂被连根拔起，生命的家园被撕裂；不懂得修身，我们就像那焦渴生烟的土地上的小草，苦苦挣扎，几度徘徊于绝境。对于我来说，我是在回归传统中找到了生命的绿洲，通过儒家式的修身使灵魂从根基上获得了滋养。

　　有一天，当我有机会与青年学生们分享自己的精神历程时，没想到他们竟是那样的如痴如醉，远远超出了我的预料。仿佛暗夜里看见了明灯，他们为突然发现了一个全新的精神王国而无比惊喜，为古代修身传统的巨大魅力所深深吸引，贪婪地吮吸着其中的伟大智慧。对我来说，没有比在课堂上与学生们分享自己的精神体验更幸福的了。为什么不能与更多的青年朋友一起来分享呢？用现代人的语言重述经过长达数千年的积累和一代又一代人的完善而形成的、博大精深的古代修身传统，难道不是比空谈抽象的指导原理，建构一些大而无当的理论体系更有意义吗？

每当读到古人的书，时常感觉到他们就在我身边，那些箴言仿佛是针对我们现代人而发的。于是惊叹古人的伟大，同时也感叹今人自作聪明，不知其致命缺陷早已被古人窥破。比如浮躁、功利、肤浅、缺乏耐力和韧性，没有胸怀和气度等，哪一样不被古人毫不留情地批评过？在一个信仰衰落的时代，也许真正应该做的事情，不是去告诉人们信仰是什么，而是先让自己树立起信仰来，然后向别人展示信仰世界的无限风光。本书所描绘的，不过是我个人所见识到的古人精神王国和信仰世界里的一二风光，跟古人的修身境界相比还相差甚远，我自问没资格教人修养，只想与大家分享体验而已。如果你能因读此书而对古人的修身传统增加了兴趣，并付诸行动，本书的目的也就算达到了。

本书在写作过程中曾得到清华大学出版社编辑的大力支持，他们的敬业精神和严谨态度令我感动，也对本书的成型起着决定性的作用。清华大学人文学院前院长、清华大学文化素质教育基地负责人胡显章为本书的写作提供了慷慨的经费支持。胡桂华女士也对本书修订提供了不少有益的意见。在此，对上述诸位的帮助和支持深表谢意！

方朝晖

2008 年 8 月 7 日星期四于清华园

第二版后记

　　本书初版后，发现了不少问题。有同章各小节前后不够连贯的问题，有引用古人名段不够精练的问题，还有个别文字及注解错误。由于此书出版后相应的内容一直在讲课中不断完善和调整，今天看来，这本书的不少章节需要重写，但目前无法做到。这次再版主要作了一些文字、段落上的修整，特别是对部分引用古人的文句段落作了简明处理，另外将一部分草稿中原有、但初版时删除的注释补上，并将所有注释作了规范处理。最大的变化是两个附录。附录一《曾国藩论修身·晚年日课四条》作了大幅压缩；附录二《修身集锦》作了彻底重编，内容经过反复提炼大大完善了，这完全是这些年不断讲课的结果。各节小标题原则上未动，但作了一定的简化和压缩。是否妥当，读者自有公论。我认为新版的《修身集锦》对于有志于修身的人有较大价值。

　　每学期课程结束，总能发现不少优秀的学生论文，其中相当多内容是谈静坐的，本书"第一讲"正是以学生听我课后的静坐心得为基础编成的，一些段落用了学生的文字。初版时未列学生姓名甚遗憾，此次尽量将学生文字排成引文格式。现将采用过其作业文句或段落的学生姓名具列如下，以示感谢：孙宁（美37），王东云（法61），张骏超（法42），陈熹（法62），商建波（核41），黄福明（英52），周林（建61），戴仲葭（化61），张翔（经64），蒋欣欣（法62），张万开（结62），黄俊源（化学41），邹胜奎（航63），谭欣欣（化学62），任宏达（计65），于恬恬（法62），宋一超（机械43）等（除孙宁一人外，均为2007年春季学期选修我的课程"儒家经典导读"的学生，括弧中为班号）。

最后，谨对当初推动此书出版的人士表示谢意！

方朝晖

2010年7月20日星期二于清华园

典藏版后记

我在清华给全校学生开设"儒家经典导读"课已经 20 多年了，《儒家修身九讲》一书正是在当年开课的基础上形成的。多亏文泉书局从一开始大力促成这本书，不然，我可能永远想不到编一本以修身为主题的书。值此书典藏版出版之际，呈上一点最新感想。

本书所讲修身的九个范畴，只是我自己结合个人经验提出来的，并不代表儒家修身的所有重要范畴。这么多年来，在教学、工作及生活中，我没有忘记过在教学的同时自己不断加强修身。我从不认为自己是一个在修身方面做得很好的人。正是在不断修身的努力中，我一次又一次感受到进步、喜悦和幸福，感受到生命的再生。我坚信，修身是我们这个时代个人最重要的任务之一，尤其在竞争激烈、压力巨大、精神紧张、心理困惑、人际复杂的现实环境下。

就我自己而言，个人当下在修身方面收获最大的有如下几点：

一是静坐。静坐是一个需要长期坚持、积极投入的过程。静坐久了，情绪自然会安宁，精神自然易平静，思想自然能超脱。儒家在静坐方面与佛教、道教最大的区别在于不讲究运气和姿势，不把冥想复杂化，不预设尘世为虚幻，仅以静坐为修身之入门，并不以之为修身之主体。

二是养心。心理疾病是我们每个人时刻都可能需要面对的大问题。现代心理学鼻祖弗洛伊德认为积极面对内心深处被压抑的伤痛，认识心灵深处无意识世界的扭曲，是一个人走向健康人格的前提。现代人心理患病率很高，尤其需要学会自我心理疗法，此即古人所谓养心之道。本书"治心""慎独"部分所讲涉及这方面内容。

三是自我认识。本书中的"自省""致诚"乃至"主敬"部分涉及这方面内容。人的自我认识是一辈子无法完成的漫长过程，古人讲"战战兢兢，如临深渊，如履薄冰"（《诗经·小雅·小旻》），以及"敬之敬之，天惟显思，命不易哉"（《诗经·周颂·敬之》等思想，正是告诫我们，人只要稍一自以为是，就立即丑陋不堪。认识自我，认识自我的丑陋，是修身过程中的最重要任务，是性格获得进步的最重要前提。

最后，要感谢这些年陪伴我一起修身的家人和难以计数的学生、学员和朋友们。正是他们的陪伴，让我的修身有了无穷的动力和不息的源泉。

本书典藏版对所引用古籍进行了全面校订，尽可能注明出处，修订多达一百一十余处，这方面工作绝大多数由简佳星同学帮助完成。正文内容相较于前两版没有明显改动，只有局部的文字和语句稍有加工，但附录二作了较大修订，增加了不少格言，并对每段格言在各小节的次序进行了调整，以体现各节内部协调一致。由于我当下工作和生活太忙，实在抽不出专门时间系统、深入、全面地重新修订。只能期待将来了。

方朝晖

2019 年 9 月 17 日星期二于清华园